定州北庄子汉墓
黄肠石题铭

华士衡题

中央文史研究馆馆员

中国书法家协会主席

苏士澍 题签

定州北莊子漢墓黃腸石題銘

己亥之春 文國

定州历史文化丛书

定州北庄子汉墓黄肠石题铭

定州市文化广电和旅游局　编著

上　册

文物出版社

图书在版编目（CIP）数据

定州北庄子汉墓黄肠石题铭 / 定州市文化广电和旅游局编著. -- 北京：文物出版社, 2020.12（2025.6重印）

ISBN 978-7-5010-6410-6

Ⅰ. ①定… Ⅱ. ①定… Ⅲ. ①石刻—研究—定州—汉代 Ⅳ. ①K877.404

中国版本图书馆CIP数据核字（2019）第248799号

定州北庄子汉墓黄肠石题铭

编　　著：定州市文化广电和旅游局

总体设计：宁成春
责任印制：张　丽
责任编辑：李　莉
再版编辑：李　睿
封面题字：赵文国

出版发行：文物出版社
社　　址：北京市东直门内北小街2号楼
邮　　编：100007
网　　址：http://www.wenwu.com
邮　　箱：wenwu1957@126.com
经　　销：新华书店
印　　刷：河北鹏润印刷有限公司
开　　本：787×1092　1/8
印　　张：100.5　插页：1
版　　次：2020年12月第1版
印　　次：2025年6月第2次印刷
书　　号：ISBN 978-7-5010-6410-6
定　　价：1260.00元（全二册）

目　录

前　言

　　作为华北平原区域政治经济文化中心之一，定州的名气很大，可谓物华天宝，人杰地灵之地。历史为定州留下的丰富的历史文献和厚重的文化遗产告诉我们，定州所经历的商代、汉代和宋代三个不同时期的政治、经济、文化的发展与繁荣，奠定了他的历史地位。

　　在商代晚期，定州首次进入社会繁荣发达时期。定州北庄子发现庞大的商代贵族墓地及出土高规格的随葬品，不仅证实这里是商王朝以北臣服于商王朝的方国所在地，而且也是河北发现唯一的规模最大，文化遗物最为丰富的商代贵族墓地。这一考古发现证实，这是定州有史以来第一次成为这一带的区域政治、经济、文化中心。

　　大宋以降，定州成为宋王朝的北部边防重镇，倍受朝廷重视，往往派遣位高权重的文武贤良镇守。这一时期，定州重要的战略地位凸显，武备、经济、文化的发展繁荣成为国家的意志。仅从震慑料敌的定州塔修建，期盼和平安定的众春园的出现，宋代塔基地宫珍贵文物及壁画的出土，宋代官窑定窑瓷制品的繁荣，定州丝织业，特别是缂丝织品产量和工艺技术的登峰造极，无不显示出这里是繁荣昌盛，名副其实的大宋之国门。这应该是定州历史上的第三次辉煌。

　　决定定州显耀历史地位的无疑是汉代都卢奴（定州）的中山国，也是定州所经历的决定其身份地位的第二次盛世。《汉书·地理志》载："中山国，高帝郡，景帝三年为国。莽曰常山。属冀州"。特殊的地理位置，众多的人口、辖县，再加开国中山靖王刘胜政治地位及影响，使得中山国在当时数十个封国中的影响力名列前茅，为中山国持续三百余年的盛世奠定了基础。

　　定州市周边林立、规模宏大的汉墓群成为昔日中山国繁荣昌盛的见证，《河北省文物保护单位通览》载："经勘探调查，定州境内原有汉墓281座，其中中山怀王陵、中山简王陵、穆王陵等已经发掘，出土了大量的文物精品。现存汉墓175座，大部分封土已平，现有封土最高者30米，一般高5米。2001年6月25日，被国务院公布为全国重点文物保护单位，名称为《汉中山王墓》。汉中山王墓以出土金缕玉衣为代表的稀世瑰宝，从文物的历史、科学、艺术三大价值衡量，实属国内罕见，国际知名。

　　定州北庄子汉墓（M150）是东汉中山简王刘焉的陵墓。该墓葬规模宏大，形制特殊，为典型的黄肠石题凑墓。据《后汉书》《卷四十二，光武十王列传第三十二，中山简王焉》载，为修建王陵，曾"诏济南、东海二王皆会，大为修冢茔，开神道，平夷吏人冢墓以千数，作者万余人。发常山、巨鹿、涿郡柏黄肠杂木，三郡不能备，复调余州郡工徒及送致者数千人。凡征发摇动六州十八郡，制度余国莫及"。陵墓修建工程之浩大，征调工匠之众多，令人惊叹不已。

定州北庄子汉墓是中国秦汉考古史上发掘的第一座黄肠石题凑墓，墓葬发掘于1959年，考古资料发表于1964年，其中，刻铭黄肠石的发现与研究成为最引人瞩目的研究课题。遗憾的是，这一研究课题没有如愿展开，科研成果甚少，社会和学界关注不够。如此重要的文化遗产，如此众多的刻铭黄肠石，没有展现出其潜在的文化内涵，没有显示出其深远的影响力，无疑是因为刊发资料不全，重视程度不高，价值认识不足，宣传力度不够所造成的。

在定州北庄子汉墓刻铭黄肠石发现60周年之际，我们收集到河北省文物考古研究院、定州市博物馆和野风美术中学所藏全部刻铭黄肠石拓本，经过比对研究，确认黄肠石题铭718种，并就相关问题进行了研究探讨。最终，汇集全部资料，编辑成册，献给读者，以引起社会更广泛关注，推动学界更深入研究。

第一章　墓葬形制及年代

1. 概况

北庄子汉墓，以往称为"北庄汉墓"❶，位于定州市（原定县）县城以北三华里的北庄子村西北，紧邻京广铁路西侧，为全国重点文物保护单位——汉中山王墓中的一座，编号为 M150 号（图一、图二）。北庄子村现为定州市北城区下属的一个村庄。

汉中山王墓，也称"定县汉墓群"，位于河北省定州市境内，为两汉时期中山国王及上层贵族的墓地。

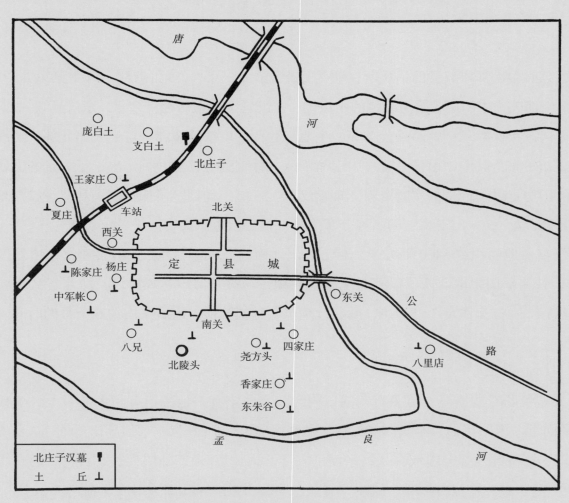

图一　北庄子汉墓地理位置图

---

❶ 《河北定县北庄汉墓发掘报告》始称北庄汉墓之后，所有文献均使用这一名称。查《定县地名资料汇编》及现场调查，此行政村的名子一直叫北庄子村，南邻为南庄子村。存放并展示该墓黄肠石石刻的名称叫北庄子汉墓石刻，系河北省重点文物保护单位，馆名为定州北庄子石刻馆。依此建议，北庄汉墓应改称北庄子汉墓。

图二　北庄子汉墓地理位置卫星影像图

定州市为汉刘邦时中山郡卢奴县的治所所在地，汉景帝前元三年（公元前154年）封其第九子胜为中山靖王，迁都卢奴，中山郡改为中山国，始为汉代的中山国。西汉延续六王历经百余年，东汉延续六代王历经140年。今在定州市城区东南保存了稠密的汉代墓葬，主要墓葬在京广铁路东部、定安公路北部。经勘探调查，定州境内原有汉墓281座，其中中山怀王陵、中山简王陵、穆王陵等已经发掘，出土了大量的文物精品，为研究汉代中山国的历史提供了珍贵的实物资料。现存汉墓175座，均划定了保护范围和建设控制地带，2001年6月25日，国务院以"汉中山王墓"的名称公布为第五批全国重点文物保护单位。

北庄子汉墓占地面积约6400平方米，封土高出地面约20米，为附近40多座汉墓中规模最大的一座。1959年春季，铁路部门拟取北庄子汉墓封土构筑河坝，与文物部门达成协议，河北省文化局文物工作队配合发掘了该墓葬。发掘工作自3月开始，断断续续至9月初结束，前后共用约6个月的时间。

2. 墓葬形制

该墓为大型黄肠石题凑墓，黄肠石墙壁以内为砖砌多室墓，地表存有高大的封土。墓葬坐北朝南，方向196°，平面近"甲"字形，全长74.75米，宽16.35米，高7.6米，墓顶高出地面3.7米。墓葬由墓道、东耳室、甬道、墓室等几部分组成。墓室平面呈方形，边长20米，外层为黄肠石构筑的石墙，顶部平铺黄肠石三层，厚80厘米。墓室由幕墙、围廊、前室、迴廊、主室等几部分组成（图三）。

封土，高出地面约20米，长宽各约40米，平夯筑起，夯层厚约20厘米（图四，1）。

墓道，位于墓室的南面，斜坡状，南北长50米，上口宽4.5米，底宽3.85米，北端东侧砖砌一耳室。

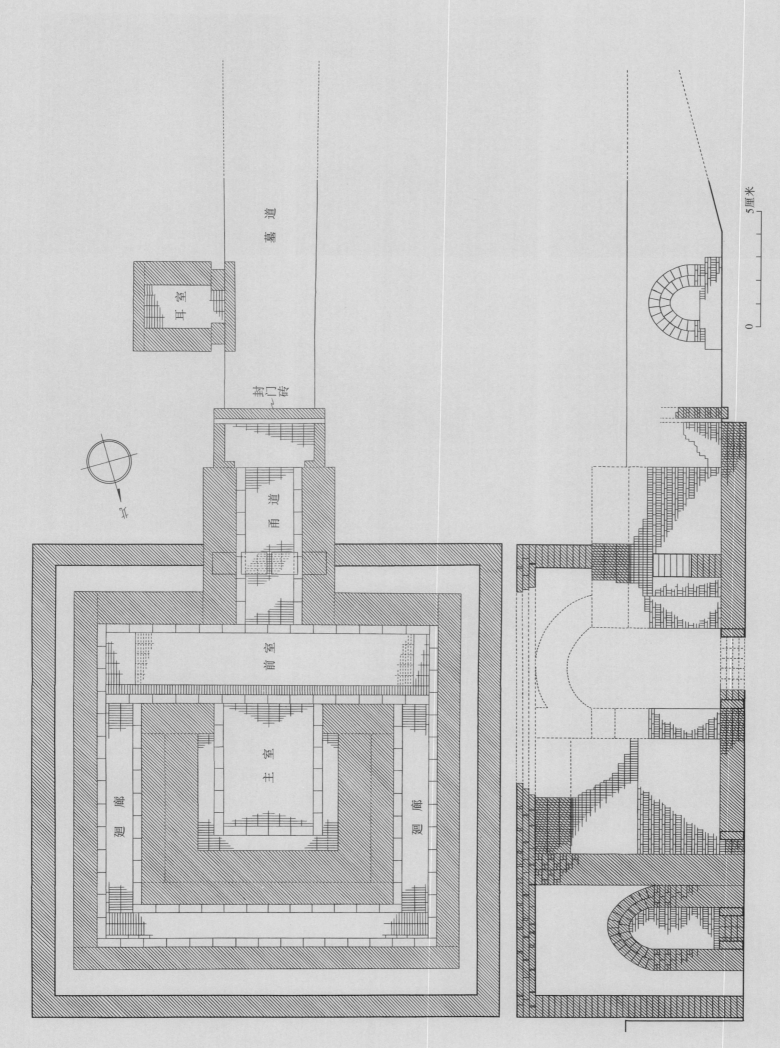

耳 室

墓 道

封 门 砖

甬 道

前 室

主 室

廻 廊

廻 廊

图三 北庄子汉墓墓室平面、纵剖面图（引自《发掘报告》）

0   5厘米

1. 封土及挖取封土情形

2. 甬道北端封石

3. 迴廊券顶结构

4. 墓室发掘工作情形

5. 汉墓主室砖券顶结构

6. 发掘人员孙德海（前排左）、马端（前排右）
和参加北庄子汉墓发掘工作的学生合影

7. 出露地面以上的黄肠石题凑

8. 黄肠石题凑顶部铺设的黄肠石

9. 黄肠石题凑东壁盗洞

10. 揭取、拉运黄肠石
题凑顶层黄肠石情形

图四　北庄子汉墓墓葬发掘照片

耳室，位于墓道北端东侧，北距墓门 4.32 米，平面呈长方形，南北长 3.42 米，东西宽 1.88 米，高 2.01 米，砖砌，券顶，前有券门，放置饮宴等陶质模型器。

甬道，位于墓室南面正中，南端与墓道相连，北端与墓室相接，平面呈长方形，南北长 8.8 米，东西宽 2.7 米，高 3.8 米，顶部结构已坍塌（图四，2）。

前室，与甬道相接，平面呈长方形，东西长 14.5 米，南北宽 3.52 米，高 6.3 米。顶部起券，中段残坍，铺地砖大部分被盗掘拆去，墓室东西两端北侧与迴廊相通。

迴廊，为三面廊道，环绕主室东、北、西三面，南面与前室相通，通长 34.1 米，宽 1.87 米，高 3.72 米，券顶，东西两面坍塌（图四，3）。

主室，位于墓室北部，通过门道与前室相通。平面呈方形，南北长 6.52 米，东西宽 6 米，高 6.17 米，顶部起券，穹窿顶，南部坍毁，墓底铺砖（图四，4、5、6）。

砖室均以磨砖对缝砌筑，砖烧制的火候较高，质细坚固，且厚而重，形状有长方形和扇形两种。长方形砖长 45 厘米、宽 23 厘米、厚 11 厘米，主要砌墓壁和墓底部分。墓壁砖墙以两横一竖平铺砌，壁厚 1 ~ 1.4 米，墓底用竖排并列砌法，铺砖四层，厚共约 1 米。

1991 年 5 ~ 12 月，为配合定州铁路货场建设，河北省文物研究所会同保定市和定州市文物部门组成考古队，对该墓残存墓底进行了清理，除发现少量黄肠石和玉衣饰件外，只发现少量刻铭黄肠石，主要收获是得到一幅完整的墓室平面图（图五）。

扇形砖长 45 厘米，上宽 38.5 厘米，下宽 30 厘米，厚 11 厘米；背面均印有席纹，部分上面刻有"丈八""二丈"等字迹；部分脊背面印有"七尺"、"一丈"、"丈二"、"丈三"、"丈五尺"等不同戳记；部分朱书"西去"、"四百五十五"、"张严五十二南"等等记载筑墓工匠的计数和题铭；用于砌券顶，东耳室、迴廊券顶两层，厚 0.9 米，甬道和主室券顶三层，厚 1.4 米，均采用横排并列法砌筑，券砖之上用白灰浆灌注。

黄肠石题凑石墙，环绕于整个砖室的外围，由方形、少量长方形石块单道叠砌而成，厚 1 米，四边长、宽各 20 米，高 8.4 米。石墙与砖室之间有宽 0.78 ~ 1.15 米的一圈围廊。黄肠石约 4000 余方，以顶部第一层刻铭黄肠石数量最多（图四，7 ~ 10；图六）。

3. 随葬品

墓葬盗扰严重，随葬品除东耳室里的均已脱离原位，按照质地可以分为：陶、铜、玉、金银、铁、石、骨等几类。

陶器，208 件，皆为细泥质灰陶，器型包括：大小壶、罐、瓿、鼎、长方形盒、圆形平底熊足酒尊、勺、盘、碗、魁、长方形蹄足圆形平底案、耳杯、陶灶、陶井、陶仓、陶楼等，皆为东汉墓葬中常见的器物，但无家禽动物等模型，种类也不多。器表施一层黑色陶衣，除罐、瓿、鼎以外，器里均涂朱色。陶灶上一釜肩部刻有隶书"大官釜"三字。

铜器，129 件，包括：日用器具、兵器、铜饰件等几大类。日用器具有：铜镜、熨斗、龙首器柄、器盖、连灯盏、器架、铜镈；兵器有：铜弩机、矛、戟、鐏、刀；铜饰件有：铺首、蹄形器足、铜雀、虎、辖、环、钩、管形器、虎首柄、装饰铜箍和扣器。器物除素面的外，纹饰都很精致，大多鎏金、镶嵌、钻刻。铜弩机郭侧

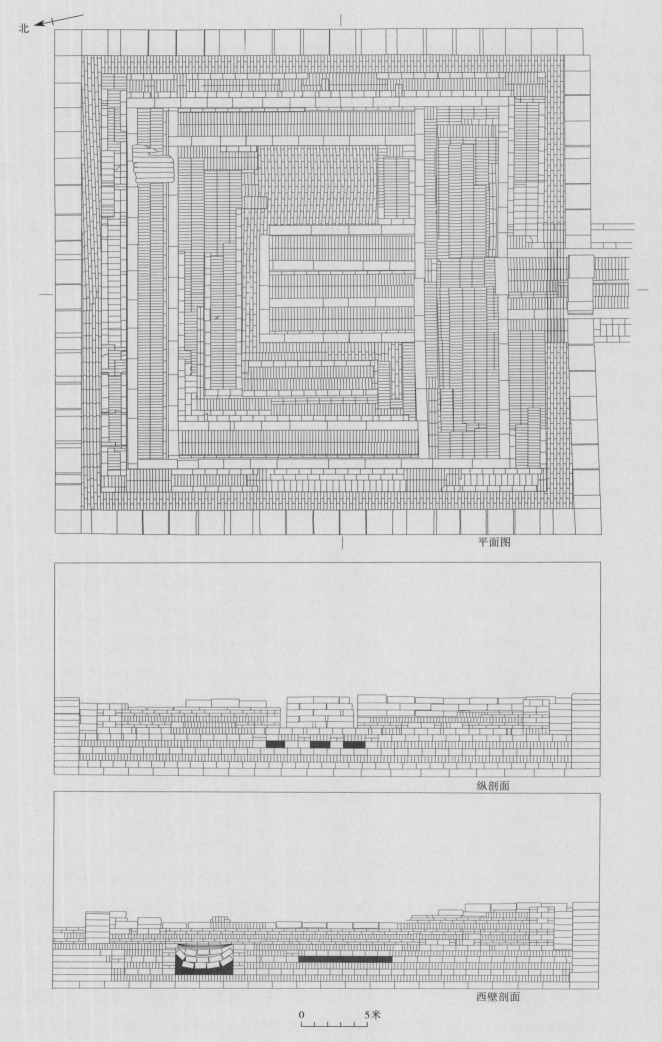

北

平面图

纵剖面

西壁剖面

0　　　　5米

图五　北庄子汉墓墓室底部平、剖面图

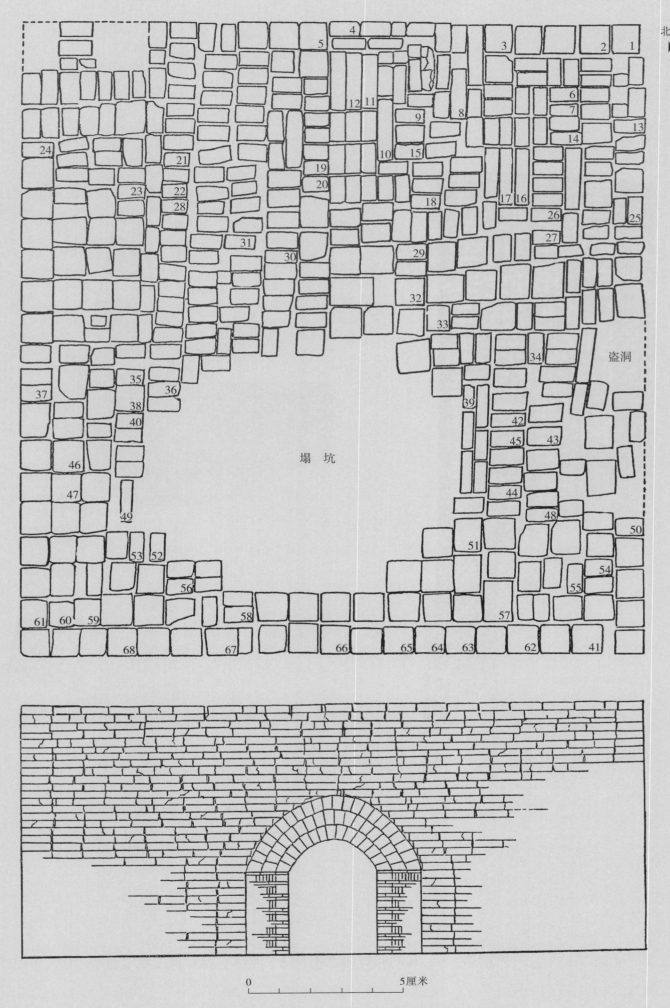

图六　北庄子汉墓黄肠石题凑石墙和盖石结构图

上：顶层黄肠石平面分布图；下：南面石墙正视图（引自《发掘报告》）

刻有39字铭文："建武卅二年二月，虎贲官治十涑铜□□铁钱百一十枚。工李严造，部郎□，彤朱，掾主，右史侍郎刘伯录"（图七）。

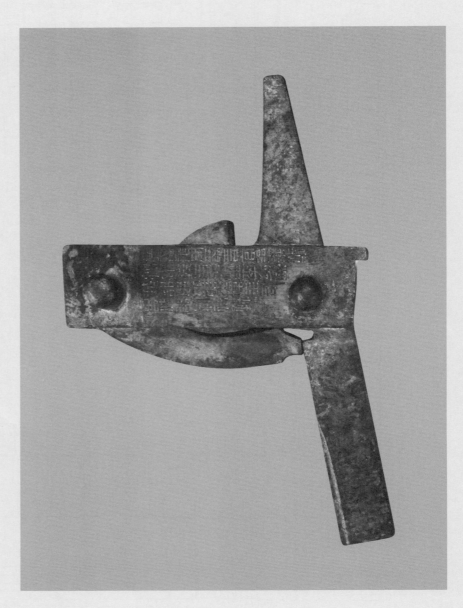

图七　铜弩机及铭文拓本

铁器，8件，包括铁镜、铁刀、铁剑三类。

玉器，质地以玉为主，少量汉白玉，琢磨和雕镂都很精致，具体包括：青玉枕（图八，1）、白玉带钩、玉璧（图八，4）、玉豚（图八，3）、石豚、玉蝉（图八，2）、石蝉、玉龟等，另有金缕玉衣的玉眼盖、石眼盖、玉塞、石塞以及玉片5169件，部分玉片穿孔内残存有鎏金铜丝。

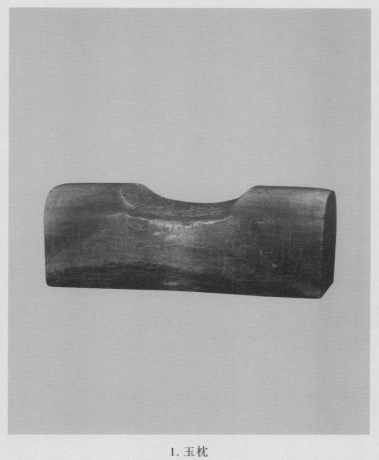

1. 玉枕

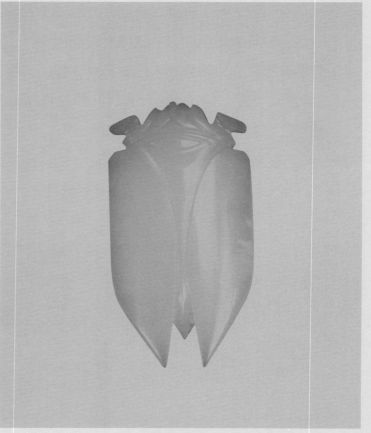

2. 玉蝉

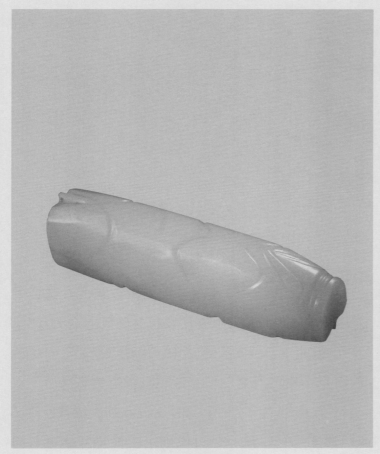

3. 玉豚

4. 玉璧

图八　北庄子汉墓出土玉器

后期对玉片进行了整理，补配，复原了玉衣的整体形态（图九）。

石器，原料为褐色砂岩，具体有石砚板 7 件、石砚研磨器 1 件。

骨器有 7 件，包括骨匕 1 件、骨簪 3 件、骨块 1 件。

金银器，2 件，包括赤金片、漆耳杯的耳部饰件各 1 件。

铜钱，153 枚，皆为五铢钱，字体严正，朱字头部圆折。

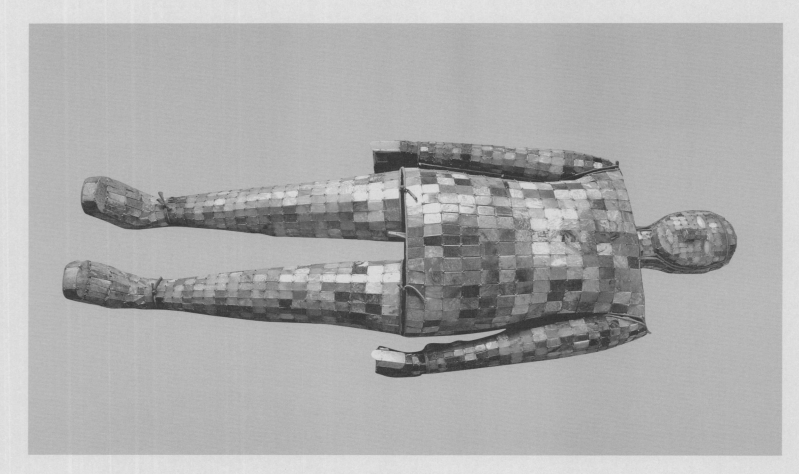

图九　修复后的金缕玉衣

4. 年代及墓主身份

根据墓葬平面布局、墓室结构、砖室砌筑方式，出土陶器类型组合、玉器组合及制作方式，五铢钱朱字头部圆折，等等特征判断，墓葬时代应该晚于汉代早期，但不会晚于东汉晚期。结合墓葬出土弩机铭文有"建武卅二年二月……"字样，其时代应该晚于建武卅二年（公元 56 年）。黄肠石题铭中，出现"安险"、"苦陉"、"曲逆"等县名，而《汉书·地理志》记载："安险，章帝更名安熹"、"苦陉，章帝更名汉昌"、"曲逆，章帝丑其名改曰蒲阴"，三县改名不晚于汉章帝末年（公元 88 年）；《水经注·滱水注》记载："汉章帝元和三年，行巡北岳，以曲逆名不善，因山水之名改曰蒲阴焉"，这三县可以确定的最早开始更名的时间为元和三年（公元 86 年），墓葬建造时使用的未改之县名，可以推断墓葬建造的时间应在改名之前，不晚于公元 86 年。综合判断，墓葬建造时间处于公元 56 至 86 年间。

墓葬规模宏大，上有高阔的封土，黄肠石题凑石墙内有宽阔的砖室；随葬品虽多被盗，但仍然数量较多，类型丰富，随葬有金缕玉衣、数量较多雕琢精美的玉器；随葬品铭文有"虎贲""大官"等字样，等级非常高，具备"王"的地位。墓葬所在地定州是汉代中山国的治所，出土玉片上亦朱书有"中山"隶书，黄肠石题铭的地名包含了全部中山国的县名，能组织中山国内 12 县的工匠来修筑墓葬，说明墓主人应为中山国的某一个王。

　　墓葬的年代限于公元 56 至 86 年间，而历代中山国的国王，与其年代相符的仅有中山简王刘焉。根据《后汉书·中山简王焉》记载：刘焉于光武建武三十年（公元 54 年）被封为中山王，薨于和帝永元二年间（公元 90 年），前后达三十六年之久。刘焉为中山国王的这段时间和墓葬的年代相符，其身份也与墓葬的等级相称，推断墓葬的主人为东汉刘秀（光武帝）建武三十年（公元 54 年）封的中山简王刘焉是合理的。墓葬建造年代的下限早于墓主死亡时间 2 年，可能与未死即先营造墓室有关。

第二章　黄肠石题铭

定州北庄子汉墓是中国最早进行考古发掘的黄肠石题凑墓。从河北、山东、江苏、河南等省发现发掘的黄肠石题凑墓葬的考察可知，并不是所有的黄肠石都刻有题铭，而刻铭黄肠石的数量因墓而异，有多有少，所占比例大小不等。据估算，定州北庄子汉墓黄肠石约有 4000 余方，其中，刻铭黄肠石 1000 余方，约占黄肠石总量的四分之一以上。

黄肠石题铭是表现汉代"物勒工名"制度的典范，是墓葬修筑管理机构对制石工匠及其产品质量和数量检查验收的凭证，籍此"以考其诚，以察其信"，"功有不当，必行其罪"。因此，制石工匠们必须按照产品规格及质量等方方面面的要求，完成生产任务。虽然不是每块黄肠石都需题铭，但是，黄肠石的题铭与非题铭的比例一定有特定要求。因此，题铭越多的工匠，制作黄肠石的数量也就越多。

1. 研究概况

《河北定县北庄汉墓发掘报告》（以下简称《发掘报告》）发表于《考古学报》1964 年第 2 期，《定县北庄汉墓出土文物简报》（以下简称《简报》）发表于《文物》1964 年第 12 期。《发掘报告》和《简报》对北庄子汉墓的墓葬形制、规模、出土文物等相关问题作了较为全面的介绍，公布了 170 种黄肠石题铭，对墓葬的年代进行了推断，确认墓主人是东汉中山国简王刘焉。

北庄子汉墓黄肠石题铭公布以后，并没有引起社会和学术界的关注，一直没有专门的研究成果公布，直到将近半个世纪之后的 2012 年，才出现了两篇专题研究文章。一篇是马孟龙的《定县北庄汉墓墓石题铭相关问题研究》，发表于《考古》2012 年第 10 期。另一篇是李晓东的《定县北庄汉墓石刻初探》，刊载于 2012 年故宫出版社出版，李晓东编著的《文物保护理论与方法》一书之中。

李晓东作为当时河北省文化局唯一的文物管理干部，直接参与并指导了这批刻铭黄肠石的抢救、保护和研究工作，在定州博物馆档案中，留有他许多关于建设保护回廊，题铭拓片等方面的信件及指导意见。据《河北省文物管理委员会大事记》记载，1961 年 9 月，李晓东由北京大学毕业，分配到河北省文化局文物工作队，1964 年 1 月，借调到省文化局从事文物行政管理工作，亲历了刻铭黄肠石的保护和研究工作。李晓东的研究论文作于上世纪六十年代，与《发掘报告》公布时间相近，也是依据《发掘报告》公布的题铭拓本为基础编写的，可惜没能及时发表。他在文章中透露，"原计划将石刻题铭全部拓印完成后重新整理，辑印出版，也未能实现"。"因此，这篇论文初稿也就放了起来"。直到 2010 年，李晓东在整理资料时，无意中翻出原稿，出于对本质工作的责任，对标题和内容进行了调整修改，予以公布，"以作为对自己哪个年代的一些记忆，也作为对北庄汉墓石刻的一点探讨"。

李晓东的文章记述了不少有关刻铭黄肠石的保护过程及相关基础资料，对墓葬黄肠石的石材产地，题铭内容，书刻风格，题铭格式及参与黄肠石制作国（郡）、县地名等相关问题进行了较为深入的探讨。

马孟龙的研究重点主要集中在以下几个方面：一是题铭文字的释读，填补或纠正了《发掘报告》近20处未识和误识文字。二是石料的产地和工匠来源地的研究，指出单父县为梁国辖县而非山阳郡辖县，平阳是南平阳县的简称，实为东平国的南平阳县，山阳可能指的是山阳郡。三是建立起中山简王时期中山国的疆域，当时中山国辖县12个，与题铭中出现的12个县相一致，证明中山国所有的县均参加了墓葬黄肠石的制作。

2015年，何慕在河北北方学院学报（社会科学版）第31卷第4期发表了《河北定县北庄汉墓题铭的整理》一文，她曾多次考察定州市汉墓石刻馆，对砌入保护回廊墙壁上的488方刻石进行了系统观察统计，发现有436方字迹还能辨识，并逐一作了释文，有52方遭到严重风化剥蚀，字迹无存。为此，她强烈呼吁："如果文物部门能够将全部400多块拓片公布，在此基础上的释字、释义会精确很多，综合研究就能开展。望有关单位能早日整理发表造福学林"。

在定州北庄子汉墓发掘60周年之际，我们对该墓出土并保存至今的刻铭黄肠石（遗失损毁者不计）和收藏的黄肠石题铭拓本（含黄肠石已遗失或损毁，拓本仍存者）进行了全面的比较研究，确定现存刻铭黄肠石639方，现存黄肠石题铭拓本718种。1959年出土和1962年拣选的170方刻石中，现存67方，遗失或损毁103方。在充分吸纳以往研究成果的基础上，对718种黄肠石题铭内容进行了分析、研究、统计，从黄肠石制作工艺、题铭布局及格式、石工籍贯及产品数量、书法艺术及风格等相关问题进行了较为深入的研究，得到了一些新的认识和成果。同时，查阅了大量档案资料，进行了调查走访，厘清了这批珍贵刻石得以抢救保护的艰辛历程，从而总结出在文物保护理念和措施不断提升的进程中的经验和教训。

2. 石材产地

从北庄子汉墓黄肠石题铭分析，全部石材取自太行山东麓，中山国西北部，中山简王刘焉时期的北平、望都和上曲阳三个县，三个产地所产黄肠石分别被称为北平石、望都石和上曲阳石（表一）。

北平，古县名，黄肠石石材产地和加工场地之一。西汉初置，治今河北省保定市满城区治正北部，属中山郡（国）。《汉书》《地理志第八下》载"北平，徐水东至高阳入博。又有卢水，亦至高阳入河。有铁官。莽曰善和。"曾升为侯国，《中国古今地名大辞典》《北平侯国》条云："西汉高祖封张苍置，治今河北满城县北。后国除改为北平县"。东汉仍属中山国。

望都，古县名，黄肠石石材产地和加工场地之一。西汉初置，治今河北省保定市满城区治西北，属中山郡（国）。《汉书》《地理志第八下》载："望都，博水东至高阳入河。莽曰顺调"。注六：张晏曰："尧山在北，尧母庆都山在南，登尧山见都山，故以为名"。东汉仍属中山国。

上曲阳，古县名，黄肠石石材产地和加工场地之一。秦置曲阳县，西汉文帝元年（前179）更名上曲阳，治今曲阳县西南，属常山郡。《汉书》《地理志第八上》载："上曲阳，恒山北谷在西北。有祠。并州山。禹贡水所出，东入滱。莽曰常山亭。"东汉王刘焉时属中山国。

北平、望都、上曲阳三县依太行山走向呈东北西南斜向展布，在这一区域内，盛产十分古老的岩石，称为太古代混合岩化片麻岩。这种石材不仅较为坚实耐用，而且因片理发育，延片理容易产生平滑的平面，易于加工成方形或长方形石块，因而被选为加工制作黄肠石的石材。三地石材的地质年代、品种、质地、色泽近同，以至仅从石料难以区分。定州北庄子汉墓的黄肠石全部来自以上三县，据刻铭黄肠石统计，在718方刻石中，产地不明的12方，标明产地的706方。在标明产地的刻石中，以望都石最多，计377方，占53.4%；北平石次之，计276方，占39.1%；上曲阳最少，仅53方，占7.5%。统计数字说明，望都和北平县为定州北庄子汉墓黄肠石的主要产地。资料显示，建造北庄子汉墓的所有黄肠石，都是在这三个石材产地加工而成，大体经过选材，粗加工整形，契凿斧剁成型，题铭几道工序，成品经管理者检查、计量、验收，合格者运送至墓葬建造现场使用。

在众多题铭中，还出现了诸如"毋极石"、"新市石"、"梁郡石"等名称，从字意看来，和北平石、望都石的称呼雷同，其实不然，这类题铭的含义不是指石材的产地，而是言某国、某郡、某县的制石工匠所制之石。

表一　定州北庄子汉墓刻铭黄肠石石材产地统计表

石材产地	题铭数量	题铭内容	题铭编号	数量
北平石	276	北平	B12、B78、B111、B148、B150、B491、B492、B493、B523、B538、B546、B558、B563	13
		平石	B530	1
		北平石	W70、B6、B7、B11、B17、B42、B47、B62、B75、B501、B529	11
		北平□	B509	1
		北平□□	B48	1
		北平尺五寸	W147	1
		北平石工董平	B505	1
		北平工兒伯仲	B108	1
		北平工兒□石	W149	1
		北平石卫安作	W166、B34、B124	3
		北平石卫安	B69、B117	2
		北平卫安石	W32、B10、B82	3
		平石卫安	B73	1
		石卫安作	B556	1
		北平石工卫山作	W2、W7、B128、B129、B142	5
		北平石工卫文作	W44、W108、B40、B110	4
		北平石工卫叔荣作	B155	1
		北平石卫叔荣作	B144	1
		北平卫叔荣	W13	1
		北平石卫	B583	1
		北平石武建（合并）	B1	1
		北平□武建	W150	1
		北平石武健	B20	1

石材产地	题铭数量	题铭内容	题铭编号	数量
北平石	276	北平石吴子	W71	1
		北平徐立石	W87	1
		北平徐工石	B158	1
		北平羊文	W146、B90	2
		北平工袁当石	B146	1
		北平石安	B514	1
		北平石安国工孟郎作	W66、B96、B132、B138、B139	5
		石安国工孟作	B549	1
		北平石安国尹伯通	B102	1
		北平安国石尹伯通	W1	1
		石安险	B579	1
		北平石安险工吴都作	W69、B53、B59、B74、B87、B106、B118、B495	8
		北平安险石吴都作	B30	1
		北平石安险工吴	B573	1
		北平石吴都	B28	1
		险工吴都作	B503	1
		北平石吴	B46	1
		北平石安险工杨伯作	W17	1
		北平石安险杨伯	B130	1
		北平石安险工杨	B91	1
		北平石安险工张伯作	W43、B23	2
		北平石安险工张伯	B490	1
		北平石安险张白	B92	1
		北平石险张伯	W31	1
		安险张伯	B552	1
		险工张伯宣	B163	1
		北平石北囗	B575	1
		北平石北新城工	B95-1、B582	2
		平石北新城工傅伯作	B45	1
		新城工傅	B585	1
		北平石北新城工付伯明作	W33	1
		城工耿叔陵作	B603	1
		北平石北新城工马伯成作	W18	1
		北平石北新城工马伯成	B79	1

石材产地	题铭数量	题铭内容	题铭编号	数量
北平石	276	北平石马伯成北新城巧	W42	1
		北平石北新城工王文伯作	B126	1
		北平石北新城王文伯作	W154	1
		北平石北新城王文伯	B24、B161	2
		石北新城王文伯作	B127	1
		北新城王文伯作	B3	1
		北平石北新城工张文作	B16-1、B25	2
		北平石北新城张文作	W47	1
		北平石北新城工祝文作	W123	1
		北平石北新城工祝文虎作	W39	1
		北平石北新成工祝文由作	B104	1
		北平石东	B37	1
		东平马兄北平	W92、W162、B61、B97、B101、B489、B536、B590、B605、	9
		东平马兄北平	B515	1
		东平马兄北平北平	B76	1
		东平马兄北平，东平马兄北平	B592	1
		东平北平王伯	W76	1
		东平王伯北平	B103	1
		北平石东平许叔作	W22	1
		北平石东平许叔	W93、B13、B36、B94	4
		东平许叔北平石	W30、B5、B136、B497、B567	5
		东平许叔北平	B141	1
		平许叔北平石	B143	1
		许叔北平石	B71	1
		平许叔	B519	1
		□许叔	B553	1
		北平石工东平王解	B105	1
		北平石东平王解	W24、B55、B85	3
		北平东平王解	B66、B120	2
		北平平阳王解	W78、B618	2
		北平东王解	B119	1
		北平东平王□	B506	1
		北平石无	B500	1
		北平石无□□□	Y3	1

石材产地	题铭数量	题铭内容	题铭编号	数量
北平石	276	北平石無盐□	B113	1
		北平石無盐邓过	W72、B8、B15、B39、B44、B68、B140	7
		北平石毋盐邓过	W135、B26	2
		□平石無盐邓过	B123	1
		北平东平章张和卩石	B81	1
		北平章张和卩石	W27、B86、B121、B125-1、B125-2、B137、B565、	7
		北平章张和卩	B99、B547	2
		北平章张和石	B22	1
		北平东平陉江长兄	W119	1
		北平东平陵江长兄石	W143	1
		北平□江□兄石	B122	1
		北平东平陵江长	B43	1
		北平东平陵江作	B115	1
		梁国石	W165	1
		北平梁国	B88	1
		北平梁国石工	W25	1
		北平石梁郡邓阳	W113	1
		北平梁郡黄君石	W105	1
		梁国卢孙石	W79	1
		北平石工梁国权孺	W148	1
		北平石工梁国世奇	W12	1
		北平石梁国工郑建	W95	1
		北平石梁国工邹建	B527	1
		北平石梁国谷孰丁圣	W99	1
		北平梁郡丁圣石	W6	1
		北平梁郡石工圣	B151	1
		梁国北平石丁□	W68	1
		北平梁国朱伯石己氏	W111	1
		北平祝鱼己氏	W110	1
		己氏祝	B157	1
		北平工梁国单父	W36	1
		北平下邑	B63、B64、B511	3
		北平下邑作	B93	1
		北平下邑□□	W159	1

石材产地	题铭数量	题铭内容	题铭编号	数量
北平石	276	北平下邑工□□	B77	1
		北平石梁国下邑	B58	1
		北平下邑邓阳	W35	1
		北平下邑丁陵工	B600	1
		北平石工石梁郡	B65	1
		梁国石工梁郡	B183	1
		梁国工石梁郡	B184	1
		北平梁国梁	B145	1
		邑梁郡石	B167	1
		北平下邑兒伯	W14	1
		北平梁国下邑周伯	W65、B100、B611	3
		北平石下邑周伯	B35、	1
		北平下邑周伯	B49、B504	2
		北平下邑周伯	B31	1
		平石下邑周伯	B540	1
		石鲁	B576	1
		北平鲁	B587	1
		北平鲁	B594	1
		石鲁北平	B21	1
		北平石鲁	B598	1
		□平石鲁□	Y5	1
		北平石鲁廭	B518	1
		北平石鲁伯大	B2	1
		北平石鲁廭伯作	W5、W80、B14、B54、B56、B60、B67、B70、B112、B134、B149、B154	12
		北平石鲁孔都作	B38、Y2	2
		北平石鲁孔都	W48、B116、B147、B160	4
		北平石鲁国逆伯	B72	1
		北平石鲁国史工仲阳	B107	1
		北平石鲁史仲作	W126	1
		北平鲁石工田次作	W164、B114、	2
		北平鲁石工田次石	W46	1
		北平鲁石工田次	B57	1
		鲁石工田次石	B159	1
		鲁工田次石	B507	1

石材产地	题铭数量	题铭内容	题铭编号	数量
北平石	276	□田次石	B520	1
		北平石鲁修太	W11	1
		平石鲁修太	B9	1
		北平鲁石工宣子作	W34、B4、B41、B153	4
		北平鲁石工宣子作	B510	1
		北平鲁石工宣子	B133	1
		北平薛工	B131	1
		北平薛吴文	W127、B98	2
		北平薛族文石	W97	1
望都石 望都石	377 377	望都	W61、B165、B222、B245、B246、B254、B256、B271、B278、B283、B303、B312、B313、B314、B316、B402、B449、B457、B458、B482、B496、B498、B578、B581、B593、B599	26
		望都	B577、B604、B612	3
		望都石	B223、B229、B241、B248、B257、B268、B273、B275、B279、B287、B308、B318、B328、B421、B431、B499、B535	17
		望都石	B517、B580、B608	3
		望都石	B242、B566	2
		望都□	B521、B550	2
		望都石□	B281	1
		亡都石一尺亡都	B232	1
		望都工伯	B390	1
		望都邓伯	W106	1
		望都段伯阳石	W144	1
		望都石段伯作	B484	1
		望都工段次石	W129	1
		望都石段次宜作	W82	1
		段次宜作	B548	1
		段次义石	W56	1
		望都石工段山作	W100、B407、B483	3
		望都石工段山	B526	1
		望都段山石	B336、B433	2
		都段文石	W15	1
		望都石段颜石	B468	1
		望都段颜石	W58、W115、B324、B338、B352、B437、B456、B488	8
		望都盖孟石	W104、B335、B617	3

石材产地	题铭数量	题铭内容	题铭编号	数量
		望都工霍大	B340	1
		望都霍大	B249	1
		望都□□石李子少作	B311	1
		□□□石李子少作	W139	1
		望都石梁叔中	W174、B383	2
		望都石梁□□	B412	1
		望都庆王石	W20、W161、B325、B332、B395、B443	6
		望都庆王	W74、W172、B370、B570	4
		望都庆王	B359	1
		望都石庆	B571	1
		望庆王	B258	1
		都庆王	W163	1
		望都庆	B251	1
		庆王	B522	1
		望都王伯大	W152	1
		望都石王阳	B562	1
望都石	377	望都石卫山	B360	1
		卫山作	B524	1
		望都石张伯和	B601	1
		望都工张叔华作	W57	1
		都张玉重作	B240	1
		望都议曹掾张□	W171	1
		望都石郑伯	W51	1
		望都石卢奴功刘伯斋	W75	1
		都石卢奴功刘伯斋	B367（与W75重复）	1
		望都石卢奴刘伯斋	B353	1
		望都石卢奴刘伯□	B406	1
		望都石卢奴刘伯	W102	1
		望都石卢奴刘	B274、B361	2
		望都石卢奴杨伯宁	W134、B374、B376	3
		伯宁	B539	1
		望都曲逆	B206、B255、B442	3
		望都曲逆工	B233	1
		望都石工曲	B265	1

石材产地	题铭数量	题铭内容	题铭编号	数量
望都石	377	望都石工曲□	B502	1
		望都石曲逆工高巨作	W23	1
		望都石曲逆高巨作	B298、B427	2
		望都曲逆高巨石	B234	1
		望都石曲逆高巨	B235	1
		逆工高巨作	B322	1
		曲逆高巨	B377	1
		望都曲逆高巨由石	W88	1
		石曲逆高	W158	1
		望都曲逆虎次石	B307	1
		望都曲逆李次孙石尺二寸	W77	1
		望都曲逆李次孙石	W29	1
		曲逆梁统作	W40	1
		曲逆梁统	B568	1
		曲逆梁工	B187	1
		曲逆梁'统'	B190	1
		望都石工曲逆刘建作	B422	1
		望都石工曲逆刘建	B285	1
		望都石曲逆刘建作	B292、B411、B466	3
		望都石曲逆刘建	W10、B236、B300、B341、B475	5
		都石曲逆刘建作	B362	1
		望都石曲逆木工王季陵	W155	1
		望都石曲逆张伯和	W101、B320	2
		曲逆张伯和	B214	1
		望都曲逆张叔春石	B276、B364	2
		望都曲逆石张叔春	W64、B388	2
		望都曲逆郑次	B597	1
		望都石唐工□	B584	1
		望都石唐工孟佰	W120、B394	2
		工孟佰	B602、B607	2
		望都石□忘都孟佰颜□工徐□石	B295	1
		望都石唐工邵次作	B329	1
		望都石唐工邵次	W96	1

石材产地	题铭数量	题铭内容	题铭编号	数量
望都石	377	石唐工邵次	B32	1
		望都石唐工燕长田	W85	1
		望都石唐□重伯安作	B302	1
		望都石唐工重伯安二尺二'寸'	W86	1
		望都东平	B237、B610	2
		都石东平	B586	1
		望都石东平	W173	1
		望都石东平陆工兒哀作	W37、W153、B264、B272、B280、B296、B305、B310、B372、B453	10
		望都石东平陆工兒哀	B238	1
		都石东平陆工兒	B588	1
		□石东平陆工兒	B277	1
		□平陆工兒作	B199	1
		陆工兒哀作	B512	1
		兒哀作	B243	1
		富成	W133	1
		望都石东平富成□	B319	1
		望都富成江河	W8、W9、W168、B244、B294、B345、B366、B369、B373、B434、B448	11
		望都富成江河	B389	1
		富成江河	B269	1
		成江河 张大	B533	1
		望都富成魏长兄作	W26、B435、B439	3
		望都富成魏兄作	B331	1
		东平富城魏兄作	B572	1
		富成魏长兄作	B284	1
		成魏长兄作	B419	1
		□魏长兄作	W160	1
		望都□成□□□	Y4	1
		望都东平寿张	B330	1
		望都东平寿张	B564	1
		望都石东平寿张陈荆作	W141、B429	2
		望都东平寿张陈荆作	B339、B378	2
		望都石东平寿张陈	B323	1
		望都东平寿张王伯作	B463	1

石材产地	题铭数量	题铭内容	题铭编号	数量
望都石	377	望都东平寿张王圣作	W170、W60、B270、B379、B472	5
		望都寿张王圣作	B441	1
		寿张王圣作	B365	1
		望都东平寿张吕	B384	1
		望都东平寿张吕武	W55、B304、B426	3
		望都东平寿张朱河作	W109、B382	2
		望都寿张朱河作东平	B356	1
		望都东平寿张朱作	W128	1
		□□东平章	B543	1
		望都石东平章丁伯石	W112	1
		东平章丁伯石	B317	1
		望都石东平章开文作	W62、B387、B447	3
		望都工石东平章王少作	B444	1
		望都石东平章王少作	B415	1
		望都石东平章王少山	B385	1
		都石东平章王少作	W98	1
		东平章王少作	B262	1
		章王少作	B263	1
		望都石东平章于通作	B226	1
		望都石章于通作	W4、B459	2
		于通作	B606	1
		望都石东平章张	B231	1
		望都梁	B403	1
		望都梁	B525	1
		望都梁国	B247、B297、B595	3
		望都梁工	B196、B494	2
		望都梁郡	W103、B351、B460	3
		望都梁郡石	B290	1
		望都梁国丁巨	W137	1
		望都梁国顼少	B534	1
		望都梁郡郑丹	W117	1
		望都石下邑	B239	1
		望都石梁郡付作	W122	1
		望都下邑付伯	W151	1

石材产地	题铭数量	题铭内容	题铭编号	数量
望都石	377	望都下邑许伯	B405	1
		望都梁国朱伯作	B591	1
		望都石下邑朱伯	W118、B343	2
		望都下邑朱伯	W3、B391	2
		望都朱伯	W145	1
		望都梁郡朱河作	B619	1
		望都石下邑朱河作	W21、B440、B486	3
		望都下邑朱河作	W116	1
		下邑朱河作	B259	1
		望都梁郡下邑朱礼石	W107	1
		望都□下邑朱礼	B451	1
		望都下邑朱礼	B420、B620	2
		下邑朱礼	W142	1
		望都石鲁□	B225	1
		望都石鲁田次	B252	1
		望都石工鲁工	B293	1
		望都石鲁工柏长豪作	W52	1
		望都石鲁工柏张作	B334	1
		望都石鲁工柏仲作	W19、B218、B228、B392、B417	5
		柏仲作	B544	1
		望都石鲁工柏	B357	1
		望都石鲁工井孙卿作	W89、B347、B445	3
		望都石鲁工井孙作	W50、W167、B454	3
		望都石鲁工马次作	W84	1
		望都工马次石	B342	1
		望都石鲁马次，北平石鲁修太	W83	1
		望都石鲁工田仲文作	W94、B424、B464、B474	4
		望都石鲁工田仲文	B386	1
		望都石鲁田仲文作	B465	1
		望都石鲁工薛季作	W73、B398、B404、B408	4
		石鲁工薛季作	B327	1
		望都石鲁工颜伯	W169	1
		望都石鲁工颜伯文作	W81、B288、B428、B471、B487	5
		伯文作	B299	1

石材产地	题铭数量	题铭内容	题铭编号	数量
望都石	377	望都石鲁工于仲荆作	W67、B423	2
		望都石鲁工于仲荆	B414	1
		□于仲荆作	B508	1
		望都石鲁国卞工孙伯作	W63、B289、B401	3
		望都石鲁国卞孙伯作	B326	1
		望都石鲁卞工孙伯作	B368、B400、B462	3
		□石鲁国卞工孙伯作	B478	1
		望都都石鲁国卞工孙伯作	B481	1
		石鲁国卞工孙伯作	B261	1
		都石鲁卞工孙伯作	B614	1
		石鲁卞工孙伯作	B425	1
		都石工鲁国卞孙伯	B301	1
		望都石鲁文阳	B282	1
		鲁文阳石工	B227	1
		望都石文阳车和作	W38、B396、B480	3
		望都石文阳车和	W49、B430	2
		望都文阳车和	B410	1
		文阳车和作	B375	1
		文阳车山作	B193	1
		望都石文阳夏鱼土	W140	1
		望都石鲁文阳工许伯作	W121	1
		望都石鲁文阳县许伯	B371	1
		鲁文阳许伯石望都石	W91	1
		望都石鲁文阳许伯	B438	1
		文阳工许伯望都石	B349	1
		□国文阳工许伯	B513	1
		鲁文阳许伯	B315	1
		许伯	B589	1
		望都石鲁文阳县于伯逆鱼	W90	1
		鲁国文阳石工于鱼□望都石	W59	1
		鲁国文阳石工于鱼望都石	B616	1
		鲁文阳石工于鱼望都石	W45	1
上曲阳石	53	上曲	B609	1

定州北庄子汉墓黄肠石题铭

石材产地	题铭数量	题铭内容	题铭编号	数量
上曲阳石	53	上曲阳	B164、B166、B169、B170、B171、B175、B180、B189、B191、B194、B195、B541、B545	13
		上曲阳石	W28、W157、B174、B178、B185、B186、B188、B192、B204、B205、B554、B557	12
		上曲阳苦陉工石	W53	1
		苦陉工	B198、B207	2
		苦陉	B208	1
		上曲阳毋极工□	B203	1
		毋极石	W136、B209、B211	3
		上曲阳东平石	B176	1
		上曲阳山阳陈元	W124	1
		上曲阳山阳谢和石	W130、B168	2
		上曲阳山阳谢和	B182	1
		上曲阳山阳石	B173	1
		上山阳土石石	B177	1
		山阳工石	B179、B181、B561	3
		□市石耿次	B213	1
		"上曲阳"新市石耿文	W138	1
		"上曲阳"李文新市石	W114	1
		新市石李文	B217	1
		新市石杨文	B212、B215、B216、B221	4
		新市石□□杨文	W54	1
产地不明	12	□国石	B559	1
		□孙	B516	1
		通治	B542	1
		伯作	B596	1
产地不明	12	马仲	B220	1
		仲作	B532	1
		□作	B528	1
		上	B200、B201	2
		文	W131	1
		仲	W132	1
		石	B551	1
合计	718			718

注：黄肠石题铭图版依此表顺序编排。

3. 题铭数量

定州北庄子汉墓出土的刻铭黄肠石，皆因散失之后复而收集所得，已经丧失了得到科学准确数字的可能性。散失过程中，因被用于官方和民间的桥、闸等农业水利、交通生产建设，损毁多少不得而知，遗失多少无从可考，民间收藏多少难以预计。又因发掘品的遗失损毁，造成了刻铭黄肠石（实物）和黄肠石题铭（拓本）数量不一，黄肠石题铭拓本的数量明显多于刻石。

刻铭黄肠石数量：依据刻铭黄肠石原石统计，现今定州市汉墓石刻馆收藏刻石 634 方，其中上墙保护展示的 488 方，未上墙而埋入地下保存的 146 方。此外，野风美术中学收藏刻石 5 方。两家共计收藏 639 方，这是北庄子汉墓现存刻石的真实数字。

黄肠石题铭数量：刻石拓本来自三个单位，即河北省文物考古研究院、定州市博物馆和野风美术中学。为便于区别，收藏于河北省文物考古研究院者在原编号前冠以 W，收藏于定州市博物馆者冠以 B，收藏于野风美术中学者冠以 Y。三家所藏题铭拓本总计 718 种，其编号、题铭内容、布局与书风、重复销号及与题铭图版和原石照片的对应关系参见表二。

表二　定州北庄子汉墓黄肠石题铭登计表

序号	题名编号	题铭内容	备注	重复销号	原石照片	图版
1	W1	北平安国石尹伯通				72
2	W2	北平石工卫山作	"卫"字偏旁易位			42
3	W3	望都下邑朱伯				561
4	W4	望都石章于通作				536
5	W5	北平石鲁麃伯作		B152		237
6	W6	北平梁郡丁圣石		B560		199
7	W7	北平石工卫山作				43
8	W8	望都富成江河	"江河"二字反书			477
9	W9	望都富成江河				478
10	W10	望都石曲逆刘建	两行布局	B333	78	428
11	W11	北平石鲁修太	两行布局；《报告》未识"修"字	B18	479	265
12	W12	北平石工梁国世奇				195
13	W13	北平卫叔荣				53
14	W14	北平下邑兒伯				220
15	W15	都段文石				346
16	W17	北平石安险工杨伯作				87
17	W18	北平石北新城工马伯成作	图片引自《报告》；《报告》未识"工"字			104
18	W19	望都石鲁工柏仲作				580
19	W20	望都庆王石		B436	278	366

序号	题名编号	题 铭 内 容	备注	重复销号	原石照片	图版
20	W21	望都石下邑朱河作	《报告》识"河"为"伯"字	B476	258	565
21	W22	北平石东平许叔作	《报告》未识"叔"字			134
22	W23	望都石曲逆工高巨作	整幅反书	B291	99	407
23	W24	北平石东平王解				150
24	W25	北平梁国石工				190
25	W26	望都富城魏长兄作		B210		491
26	W27	北平章张和阝石	两行布局;《报告》识"和阝"二字为"圣"字			173
27	W28	上曲阳石				668
28	W29	望都曲逆李次孙石				418
29	W30	东平许叔北平石				139
30	W31	北平石险张伯		B19	242	94
31	W32	北平卫安石				37
32	W33	北平石北新城工付伯明作				102
33	W34	北平鲁石工宣子作				267
34	W35	北平下邑邓阳				213
35	W36	北平工梁国单父		B83	210	205
36	W37	望都石东平陆工兒哀作	图片引自《报告》			459
37	W38	望都石文阳车和作	两行布局;右上部存错刻字迹;《报告》识"车"为"章"字		256	633
38	W39	北平石北新城工祝文虎作	两行布局			117
39	W40	曲逆梁统作	《报告》未识"作"字		111	419
40	W42	北平石马伯成北新城巧	"巧"字疑为"功"字误刻	B267		106
41	W43	北平石安险工张伯作	"险"字"阝"反书			90
42	W44	北平石工卫文作	图片引自《报告》			47
43	W45	鲁文阳石工于鱼望都石	图片引自《报告》;《报告》识"鱼"为"角"字			653
44	W46	北平鲁石工田次石				260
45	W47	北平石北新城张文作				115
46	W48	北平石鲁孔都			408	251
47	W49	望都石文阳车和	二次刻,左错改右;《报告》识"车"为"章"字	B260	366	636
48	W50	望都石鲁工井孙作		B286	353	590
49	W51	望都石郑伯		B202	390	390
50	W52	望都石鲁工柏长豪作	图片引自《报告》	B266	363	578
51	W53	上曲阳苦陉工石		B197	151	680

序号	题名编号	题铭内容	备注	重复销号	原石照片	图版
52	W54	新市石□□杨文	《报告》未识"□□"二字			706
53	W55	望都东平寿张吕武				516
54	W56	段次义石				339
55	W57	望都工张叔华作	《报告》未识"叔华"二字			387
56	W58	望都段颜石	《报告》识"颜"为"须"字			348
57	W59	鲁国文阳石工于鱼□望都石	两行布局	B455	17	651
58	W60	望都东平寿张王圣作		B450		508
59	W61	望都		B346		277
60	W62	望都石东平章开文作		B250	371	526
61	W63	望都石鲁国卜工孙伯作		B344		618
62	W64	望都曲逆石张叔春	《报告》未识"叔"字	B452	270	440
63	W65	北平梁国下邑周伯		B51	226	221
64	W66	北平石安国工孟郎作				65
65	W67	望都石鲁工于仲荆作	右侧刻一"箭镞"形符号	W156B470	261	614
66	W68	梁国北平石丁口	图片引自《报告》	B109	197	201
67	W69	北平石安险工吴都作				74
68	W70	北平石				15
69	W71	北平石吴子				58
70	W72	北平石无盐邓过	《报告》未识"过"字	B156	410	162
71	W73	望都石鲁工薛季作				602
72	W74	望都庆王				372
73	W75	望都石卢奴功刘伯斋	两行布局			391
74	W76	东平北平王伯	两行布局	B135	184	132
75	W77	望都曲逆李次孙石尺二寸	两行布局	B224	384	417
76	W78	北平平阳王解		B50	463	155
77	W79	梁国卢孙石				193
78	W80	北平石鲁麃伯作	《报告》未识"麃伯"二字			238
79	W81	望都石鲁工颜伯文作		Y1		608
80	W82	望都石段次宜作				337
81	W83	望都石鲁马次，北平石鲁修太	倒顺两行；《报告》识"太"为"季"字		370	595
82	W84	望都石鲁工马次作		B354	319	593
83	W85	望都石唐工燕长田				452
84	W86	望都石唐工重伯'安'二尺二'寸'	《报告》识"重"为"章"字；未识"安"字			454
85	W87	北平徐立石				59

序号	题名编号	题 铭 内 容	备注	重复销号	原石照片	图版
86	W88	望都曲逆高巨由石	两行布局	B363	63	414
87	W89	望都石鲁工井孙卿作		B306	343	587
88	W90	望都石鲁文阳县于伯逆鱼	《报告》未识"县"字			650
89	W91	鲁文阳许伯石望都石				644
90	W92	东平马兄北平				120
91	W93	北平石东平许叔	《报告》未识"叔"字		470	135
92	W94	望都石鲁工田仲文作			284	596
93	W95	北平石梁国工郑建				196
94	W96	望都石唐工邵次				450
95	W97	北平薛族文石				276
96	W98	都石东平章王少作				532
97	W99	北平石梁国谷孰丁圣	两行布局；《报告》识"谷孰"为"□郭"二字			198
98	W100	望都石工段山作				340
99	W101	望都石曲逆张伯和		B337	76	435
100	W102	望都石卢奴刘伯				394
101	W103	望都梁郡				547
102	W104	望都盖孟石	《报告》识"盖孟"为"孟□"二字			356
103	W105	北平梁郡黄君石		B29	237	192
104	W106	望都邓伯		B473	8	333
105	W107	望都梁郡下邑朱礼石				570
106	W108	北平石工卫文作		B80	448	48
107	W109	望都东平寿张朱河作		B418		519
108	W110	北平祝鱼已氏	两行布局			203
109	W111	北平梁国朱伯石己氏	三行布局			202
110	W112	望都石东平章丁伯石		B467	11	524
111	W113	北平石梁郡邓阳				191
112	W114	"上曲阳"李文新市石	"上曲阳"三字为墨书			700
113	W115	望都段颜石		B358		349
114	W116	望都下邑朱河作	《报告》识"河"为"伯"字	B416	288	568
115	W117	望都梁郡郑丹	两行布局			553
116	W118	望都石下邑朱伯		B479	5	559
117	W119	北平东平陉江长兄	《报告》识"陉"为"陆"字；疑"陉"为"陵"字误刻			183
118	W120	望都石唐工孟佰		B393	48	444
119	W121	望都石鲁文阳工许伯作				642

定州北庄子汉墓黄肠石题铭

序号	题名编号	题铭内容	备注	重复销号	原石照片	图版
120	W122	望都石梁郡付作	《报告》识"作"为"伯"字			555
121	W123	北平石北新城工祝文作	两行布局			116
122	W124	上曲阳山阳陈元	"阳、陈"二字"阝"反书	B162	407	689
123	W126	北平石鲁史仲作	两行布局			257
124	W127	北平薛吴文		B52	462	274
125	W128	望都东平寿张朱作		B432	280	522
126	W129	望都工段次石	"石"字反书；《报告》识"次"为"况"字			336
127	W130	上曲阳山阳谢和石		B172	402	690
128	W131	文				716
129	W132	仲				717
130	W133	富成				475
131	W134	望都石卢奴杨伯宁		B446	273	397
132	W135	北平石毋盐邓过				169
133	W136	毋极石				685
134	W137	望都梁国丁巨	两行布局	B355	67	551
135	W138	"上曲阳"新市石耿文	两行布局；"上曲阳"三字为墨书	B219	134	699
136	W139	□□□石李子少作				362
137	W140	望都石文阳夏鱼土		B485	2	641
138	W141	望都石东平寿张陈荆作		B348		502
139	W142	下邑朱礼				574
140	W143	北平东平陵江长兄石	《报告》识"陵"为"陆"字			184
141	W144	望都段伯阳石	"都"字"阝"反书	B230	381	334
142	W145	望都朱伯				563
143	W146	北平羊文		B84	443	61
144	W147	北平尺五寸				28
145	W148	北平石工梁国权孺	《报告》识"权"为"杖"字			194
146	W149	北平工兒□石	《报告》未识"兒"字	B89	207	31
147	W150	北平□武建	《报告》未识"武"字			56
148	W151	望都下邑付伯				556
149	W152	望都王伯大	《报告》未识"王"字			382
150	W153	望都石东平陆工兒哀作		W125B380	306	460
151	W154	北平石北新城王文伯作		W16		108
152	W155	望都石曲逆木工王季陵	两行布局	W41 B399	45	434
153	W157	上曲阳石				669

序号	题名编号	题铭内容	备注	重复销号	原石照片	图版
154	W158	石曲逆高	图片引自《报告》	B537		415
155	W159	北平下邑□□				210
156	W160	□魏长兄作	《报告》识"魏"为"巍"字			498
157	W161	望都庆王石			10	367
158	W162	东平马兄北平	《报告》识"马"为"陆"字			121
159	W163	都庆王				379
160	W164	北平鲁石工田次作		B27	238	258
161	W165	梁国石				188
162	W166	北平石卫安作	图片引自《报告》			32
163	W167	望都石鲁工井孙作		B309	90	591
164	W168	望都富成江河	两行布局	B413	38	479
165	W169	望都石鲁工颜伯	《报告》识"颜伯"为"□作"二字	B615		607
166	W170	望都东平寿张王圣作	因原拓片不清，使用重复拓本B569；《报告》未识"王圣"二字	B569		509
167	W171	望都议曹掾张□	图片引自《报告》；《报告》未识"掾"字	B381	54	389
168	W172	望都庆王		B531		373
169	W173	望都石东平				458
170	W174	望都石梁叔中	《报告》未识"叔"字	B321	84	363
171	B1	北平石武建			251	55
172	B2	北平石鲁伯大			487	236
173	B3	北新城王文伯作			250	112
174	B4	北平鲁石工宣子作			486	268
175	B5	东平许叔北平石	"许"、"平"二字剜洗变形		249	140
176	B6	北平石			485	16
177	B7	北平石			248	17
178	B8	北平石无盐邓过			484	163
179	B9	平石鲁修太			247	266
180	B10	北平卫安石			483	38
181	B11	北平石			246	18
182	B12	北平				1
183	B13	北平石东平许叔			245	136
184	B14	北平石鲁麃伯作			481	239
185	B15	北平石无盐邓过			244	164
186	B16-1	北平石北新城工张文作		B16-2	480	113

定州北庄子汉墓黄肠石题铭

序号	题名编号	题铭内容	备注	重复销号	原石照片	图版
187	B17	北平石			243	19
188	B20	北平石武健	"武"字剜洗变形		478	57
189	B21	石鲁北平			241	232
190	B22	北平章张和石			477	182
191	B23	北平石安险工张伯作			240	91
192	B24	北平石北新城王文伯			476	109
193	B25	北平石北新城工张文作			239	114
194	B26	北平石毌盐邓过			475	170
195	B28	北平石吴都			474	84
196	B30	北平安险石吴都作			473	82
197	B31	北平下邑周伯	"周"字剜洗变形		236	227
198	B32	石唐工邵次			118	451
199	B34	北平石卫安作	"作"字右侧多一部首		471	33
200	B35	北平石下邑周伯			234	224
201	B36	北平石东平许叔			235	137
202	B37	北平石东			233	119
203	B38	北平石鲁孔都作			469	249
204	B39	北平石無盐邓过			232	165
205	B40	北平石工卫文作			468	49
206	B41	北平鲁石工宣子作			231	269
207	B42	北平石			467	20
208	B43	北平东平陵江长			230	186
209	B44	北平石無盐邓过			466	166
210	B45	平石北新城工傅□作			229	100
211	B46	北平石吴				86
212	B47	北平石			228	21
213	B48	北平□□	两行布局			27
214	B49	北平下邑周伯			227	225
215	B53	北平石安险工吴都作			225	75
216	B54	北平石鲁麃伯作			461	240
217	B55	北平石东平王解			224	151
218	B56	北平石鲁麃伯作			460	241
219	B57	北平鲁石工田次			223	261
220	B58	北平石梁国下邑	疑"邑"字剜洗变形			212

序号	题名编号	题 铭 内 容	备注	重复销号	原石照片	图版
221	B59	北平石安险工吴都作			222	76
222	B60	北平石鲁麃伯作			458	242
223	B61	东平马兄北平			221	122
224	B62	北平石				22
225	B63	北平下邑			220	206
226	B64	北平下邑			456	207
227	B65	北平石工石梁郡			219	215
228	B66	北平东平王解			455	153
229	B67	北平石鲁麃伯作	两行布局		218	243
230	B68	北平石無盐邓过	"盐"字省略下部"皿"		454	167
231	B69	北平石卫安			217	35
232	B70	北平石鲁麃伯作				244
233	B71	许叔北平石			216	146
234	B72	北平石鲁国逆伯				255
235	B73	平石卫安			215	40
236	B74	北平石安险工吴都作			451	77
237	B75	北平石			214	23
238	B76	东平马兄北平北平			450	130
239	B77	北平下邑工□□			213	211
240	B78	北平				2
241	B79	北平石北新城工马伯成			212	105
242	B81	北平东平章张和卩石			211	172
243	B82	北平卫安石			447	39
244	B85	北平石东平王解			209	152
245	B86	北平章张和卩石	两行布局		445	174
246	B87	北平石安险工吴都作			208	78
247	B88	北平梁国			444	189
248	B90	北平羊文				62
249	B91	北平石安险工杨			206	89
250	B92	北平石安险张白			442	93
251	B93	北平下邑作			205	209
252	B94	北平石东平许叔			441	138
253	B95-1	北平石北新城工		B95-2	204	98
254	B96	北平石安国工孟郎作				66

序号	题名编号	题 铭 内 容	备注	重复销号	原石照片	图版
255	B97	东平马兄北平			203	123
256	B98	北平薛吴文	两行布局			275
257	B99	北平章张和卩石	两行布局		202	180
258	B100	北平梁国下邑周伯			438	222
259	B101	东平马兄北平			201	124
260	B102	北平石安国尹伯通			437	71
261	B103	东平王伯北平			200	133
262	B104	北平石北新成工祝文由作	"城"省略"土"字偏旁；疑"虎"字误剜洗为"由"字		436	118
263	B105	北平石工东平王解	"石"字反书		199	149
264	B106	北平石安险工吴都作			435	79
265	B107	北平石鲁国史工仲阳	两行布局		198	256
266	B108	北平工兄伯仲			434	30
267	B110	北平石工卫文作			433	50
268	B111	北平			196	3
269	B112	北平石鲁麃伯作			432	245
270	B113	北平石無盐□			195	161
271	B114	北平鲁石工田次作			431	259
272	B115	北平东平陵江作			194	187
273	B116	北平石鲁孔都			430	252
274	B117	北平石卫安			193	36
275	B118	北平石安险工吴都作			429	80
276	B119	北平东王解				157
277	B120	北平东平王解	"解"字部首易位		428	154
278	B121	北平章张和卩石	两行布局		191	175
279	B122	北平□江□兄石			427	185
280	B123	北平石無盐邓过			190	171
281	B124	北平石卫安作			426	34
282	B125-1	北平章张和卩石	两行布局		472	176
283	B125-2	北平章张和卩石	两行布局		189	177
284	B126	北平石北新城工王文伯作			425	107
285	B127	石北新城王文伯作	两行布局		188	111
286	B128	北平石工卫山作			424	44
287	B129	北平石工卫山作			187	45
288	B130	北平石安险杨伯			423	88

序号	题名编号	题铭内容	备注	重复销号	原石照片	图版
289	B131	北平薛工			186	273
290	B132	北平石安国工孟郎作			422	67
291	B133	北平鲁石工圆子	疑"宣"字误洗为"圆"字		185	272
292	B134	北平石鲁廉伯作			421	246
293	B136	东平许叔北平石			420	141
294	B137	北平章张和卩石	两行布局		183	178
295	B138	北平石安国工孟郎作			419	68
296	B139	北平石安国工孟郎作	两行布局		182	69
297	B140	北平石無盐邓过			418	168
298	B141	东平许叔北平			181	144
299	B142	北平石工卫山作	"卫"字剜洗变形		417	46
300	B143	平许叔北平			180	145
301	B144	北平石卫叔荣作			416	52
302	B145	北平梁国梁			179	218
303	B146	北平工袁当石			415	63
304	B147	北平石鲁孔都			178	253
305	B148	北平			482	4
306	B149	北平石鲁廉伯作			177	247
307	B150	北平				5
308	B151	北平梁郡石工圣			176	200
309	B153	北平鲁石工宣子作			175	270
310	B154	北平石鲁廉伯作	两行布局		411	248
311	B155	北平石工卫叔荣作			174	51
312	B157	己氏祝			173	204
313	B158	北平徐工石			409	60
314	B159	鲁石工田次石			172	262
315	B160	北平石鲁孔都				254
316	B161	北平石北新城王文伯			171	110
317	B163	险工张伯宣	"险"字剜洗变形		170	96
318	B164	上曲阳			406	655
319	B165	望都			97	278
320	B166	上曲阳			405	656
321	B167	邑梁郡石			168	219
322	B168	上曲阳山阳谢和石			404	691

序号	题名编号	题铭内容	备注	重复销号	原石照片	图版
323	B169	上曲阳			167	657
324	B170	上曲阳			403	658
325	B171	上曲阳			166	659
326	B173	上曲阳山阳石			165	693
327	B174	上曲阳石	"上、阳"二字剜洗变形			670
328	B175	上曲阳			164	660
329	B176	上曲阳东平石			400	688
330	B177	上山阳土石石	两行布局；疑"工"字误剜洗为"土"字		163	694
331	B178	上曲阳石			399	671
332	B179	山阳工石			162	695
333	B180	上曲阳			398	661
334	B181	山阳工石			161	696
335	B182	上曲阳山阳谢和			397	692
336	B183	梁国石工梁郡			160	216
337	B184	梁国工石梁郡			396	217
338	B185	上曲阳石			159	672
339	B186	上曲阳石			158	673
340	B187	曲逆梁工			395	421
341	B188	上曲阳石			157	674
342	B189	上曲阳			156	662
343	B190	曲逆梁'统'	疑"统"字为后刻		394	422
344	B191	上曲阳			155	663
345	B192	上曲阳石			154	675
346	B193	文阳车山作			393	640
347	B194	上曲阳			153	664
348	B195	上曲阳			152	665
349	B196	望都梁工				545
350	B198	苦陉工			150	681
351	B199	□平陆工兒作			391	472
352	B200	上			149	714
353	B201	上				715
354	B203	上曲阳毋极工□	三行布局		146	684
355	B204	上曲阳石	"石"字反书		147	676
356	B205	上曲阳石	"阳"字剜洗变形		148	677

序号	题名编号	题铭内容	备注	重复销号	原石照片	图版
357	B206	望都曲逆			389	401
358	B207	苦陉工			143	682
359	B208	苦陉			144	683
360	B209	毌极石			145	686
361	B211	毌极石			140	687
362	B212	新市石杨文			141	702
363	B213	□市石耿次	两行布局；疑"□"字为"新"字误剟洗变形		142	698
364	B214	曲逆张伯和			387	437
365	B215	新市石杨文			137	703
366	B216	新市石杨文			138	704
367	B217	新市石李文			139	701
368	B218	望都石鲁工柏仲作			386	581
369	B220	马仲			135	711
370	B221	新市石杨文			136	705
371	B222	望都			385	279
372	B223	望都石			133	306
373	B225	望都石鲁□			132	575
374	B226	望都石东平章于通作			383	535
375	B227	鲁文阳石工			131	632
376	B228	望都石鲁工柏仲作			382	582
377	B229	望都石			130	307
378	B231	望都石东平章张			129	539
379	B232	亡都石一尺亡都	两行布局；"望"字简写为"亡"字；一"都"字"者、阝"易位		380	331
380	B233	望都曲逆工			128	404
381	B234	望都曲逆高巨石			379	410
382	B235	望都石曲逆高巨			127	411
383	B236	望都石曲逆刘建			378	429
384	B237	望都东平			126	455
385	B238	望都石东平陆工兒哀			377	469
386	B239	望都石下邑	"望都"二字剟洗变形		125	554
387	B240	都张玉重作	两行布局		376	388
388	B241	望都石			124	308
389	B242	望都石			375	326
390	B243	兒哀作			123	474

序号	题名编号	题 铭 内 容	备注	重复销号	原石照片	图版
391	B244	望都富成江河			374	480
392	B245	望都			122	280
393	B246	望都			373	281
394	B247	望都梁国			121	542
395	B248	望都石			372	309
396	B249	望都霍大			120	360
397	B251	望都庆			119	380
398	B252	望都石鲁田次	"田次"二字剜洗变形			576
399	B254	望都			369	282
400	B255	望都曲逆			117	402
401	B256	望都			368	283
402	B257	望都石			116	310
403	B258	望庆王			367	378
404	B259	下邑朱河作	"河"字剜洗变形		115	569
405	B261	石鲁国卞工孙伯作			114	627
406	B262	东平章王少作			365	533
407	B263	章王少作			113	534
408	B264	望都石东平陆工兒哀作			310	461
409	B265	望都石工曲			112	405
410	B268	望都石				311
411	B269	富成江河			110	489
412	B270	望都东平寿张王圣作	"圣"字剜洗变形		361	510
413	B271	望都			109	284
414	B272	望都石东平陆工兒哀作			360	462
415	B273	望都石			108	312
416	B274	望都石卢奴刘			359	395
417	B275	望都石			107	313
418	B276	望都曲逆张叔春石	两行布局;"叔春"二字剜洗变形		358	438
419	B277	□石东平陆工兒			106	471
420	B278	望都			357	285
421	B279	望都石			105	314
422	B280	望都石东平陆工兒哀作	三行布局		356	463
423	B281	望都石□			104	330
424	B282	望都石鲁文阳			355	631

序号	题名编号	题 铭 内 容	备注	重复销号	原石照片	图版
425	B283	望都			103	286
426	B284	富成魏长兄作			354	496
427	B285	望都石工曲逆刘建			102	424
428	B287	望都石			101	315
429	B288	望都石鲁工颜伯文作			352	609
430	B289	望都石鲁国卞工孙伯作	"卞工"二字剜洗变形		100	619
431	B290	望都梁郡石			351	550
432	B292	望都石曲逆刘建作			350	425
433	B293	望都石工鲁工	两行布局		98	577
434	B294	望都富成江河			349	481
435	B295	望都石□望都孟佰颜□工徐□石	四行布局;"望"简写为"忘"字;"徐□石"倒书		47	448
436	B296	望都石东平陆工兒哀作			348	464
437	B297	望都梁国			96	543
438	B298	望都石曲逆高巨作	"都"字反书		347	408
439	B299	伯文作			95	613
440	B300	望都石曲逆刘建			346	430
441	B301	都石工鲁国卞孙伯			94	630
442	B302	望都石唐□重伯安作			345	453
443	B303	望都			93	287
444	B304	望都东平寿张吕武			344	517
445	B305	望都石东平陆工兒哀作			92	465
446	B307	望都曲逆虎次石			91	416
447	B308	望都石			342	316
448	B310	望都石东平陆工兒哀作			341	466
449	B311	望都□□石李子少作	"□□"二字剜洗变形		89	361
450	B312	望都			340	288
451	B313	望都			88	289
452	B314	望都			339	290
453	B315	鲁文阳许伯			87	648
454	B316	望都				291
455	B317	东平章丁伯石			86	525
456	B318	望都石			337	317
457	B319	望都石东平富成□			85	476
458	B320	望都石曲逆张伯和			336	436

序号	题名编号	题铭内容	备注	重复销号	原石照片	图版
459	B322	逆工高巨作	"巨"字反书		335	412
460	B323	望都石东平寿张陈			83	506
461	B324	望都段颜石			268	350
462	B325	望都庆王石			82	368
463	B326	望都石鲁国卞孙伯作			333	621
464	B327	石鲁工薛季作			81	606
465	B328	望都石				318
466	B329	望都石唐工邵次作			80	449
467	B330	望都东平寿张				500
468	B331	望都富成魏兄作			79	494
469	B332	望都庆王石		B469	330	369
470	B334	望都石鲁工柏张作				579
471	B335	望都盖孟石		B461	77	357
472	B336	望都段山石				344
473	B338	望都段颜石				351
474	B339	望都东平寿张陈荆作			75	504
475	B340	望都工霍大				359
476	B341	望都石曲逆刘建			74	431
477	B342	望都工马次石				594
478	B343	亡都石下邑朱伯	"望"字简写为"亡"字		73	560
479	B345	望都富成江河	"都"字反书		72	482
480	B347	望都石鲁工井孙卿作			71	588
481	B349	文阳工许伯望都石			70	646
482	B351	望都梁郡			69	548
483	B352	望都段颜石			320	352
484	B353	望都石卢奴刘伯斋			68	392
485	B356	望都寿张朱河作东平	两行布局	B350	318	521
486	B357	望都石鲁工柏			66	586
487	B359	望都庆王			65	376
488	B360	望都石卫山				384
489	B361	望都石卢奴刘			64	396
490	B362	都石曲逆刘建作			315	433
491	B364	望都曲逆张叔春石			314	439
492	B365	寿张王圣作			62	514

序号	题名编号	题 铭 内 容	备注	重复销号	原石照片	图版
493	B366	望都富成江河				483
494	B368	望都石鲁卜工孙伯作				622
495	B369	望都富成江河			60	484
496	B370	望都庆王	下部有一'十'字符号			374
497	B371	望都石鲁文阳县许伯			59	643
498	B372	望都石东平陆工兒哀作			364	467
499	B373	望都富成江河	"都"字反书		58	485
500	B374	望都石卢奴杨伯宁	两行布局		309	398
501	B375	文阳车和作			57	639
502	B376	望都石卢奴杨伯宁			308	399
503	B377	曲逆高巨			56	413
504	B378	望都东平寿张陈荆作				505
505	B379	望都东平寿张王圣作			55	511
506	B382	望都东平寿张朱河作				520
507	B383	望都石梁叔中			53	364
508	B384	望都东平寿张吕				515
509	B385	望都东平章王少山	"作"字误剜洗为"山"字		52	531
510	B386	望都石鲁工田仲文			303	600
511	B387	望都石东平章开文作			51	527
512	B388	望都曲逆石张叔春	两行布局		302	441
513	B389	望都富成江河	"都"字反书		50	488
514	B390	望都工伯			301	332
515	B391	望都下邑朱伯			49	562
516	B392	望都石鲁工柏仲作			300	583
517	B394	望都石唐工孟佰			299	445
518	B395	望都庆王石		B409	40	370
519	B396	望都石文阳车和作				634
520	B398	望都石鲁工薛季作	"都"字"者、阝"易位		297	603
521	B400	望都石鲁卜工孙伯作	"卜"字误剜洗为"元"字		296	623
522	B401	望都石鲁国卜工孙伯作	"卜工"二字剜洗变形		44	620
523	B402	望都				292
524	B403	望都梁			43	540
525	B404	望都石鲁工薛季作	"都"字"者、阝"部首易位		294	604
526	B405	望都下邑许伯			42	557

序号	题名编号	题铭内容	备注	重复销号	原石照片	图版
527	B406	望都石卢奴刘伯□			293	393
528	B407	望都石工段山作			41	341
529	B408	望都石鲁工薛季作	"都"字"者、阝"易位		292	605
530	B410	望都文阳车和				638
531	B411	望都石曲逆刘建作			39	426
532	B412	望都石梁□□	两行布局			365
533	B414	望都石鲁工于仲荆	两行布局		289	616
534	B415	望都石东平章王少作			37	530
535	B417	望都石鲁工柏仲作	"柏"字误剜洗为"伯"字		36	584
536	B419	成魏长兄作			35	497
537	B420	望都下邑朱礼				572
538	B421	望都石			34	319
539	B422	望都石工曲逆刘建作			285	423
540	B423	望都石鲁工于仲荆作			33	615
541	B424	望都石鲁工田仲文作				597
542	B425	石鲁卜工孙伯作			32	629
543	B426	望都东平寿张吕武			283	518
544	B427	望都石曲逆高巨作			31	409
545	B428	望都石鲁工颜伯文作			282	610
546	B429	望都石东平寿张陈荆作			30	503
547	B430	望都石文阳车和			281	637
548	B431	望都石			29	320
549	B433	望都段山石			28	345
550	B434	望都富成江河			279	486
551	B435	望都富成魏长兄作	右上部刻一残字		27	492
552	B437	望都段颜石			26	353
553	B438	望都石鲁文阳许伯			277	645
554	B439	望都富成魏长兄作			25	493
555	B440	望都石下邑朱河作			276	566
556	B441	望都寿张王圣作			24	513
557	B442	望都曲逆			275	403
558	B443	望都庆王石			23	371
559	B444	望都工石东平章王少作	两行布局		274	529
560	B445	望都石鲁工井孙卿作			22	589

序号	题名编号	题铭内容	备注	重复销号	原石照片	图版
561	B447	望都石东平章开文作			21	528
562	B448	望都富成江河			272	487
563	B449	望都			20	293
564	B451	望都□下邑朱礼			19	571
565	B453	望都石东平陆工兒哀作			18	468
566	B454	望都石鲁工井孙作	两行布局		269	592
567	B456	望都段颜石				354
568	B457	望都			16	294
569	B458	望都				295
570	B459	望都石章于通作			15	537
571	B460	望都梁郡			266	549
572	B462	望都石鲁卜工孙伯作			265	624
573	B463	望都东平寿张王伯作			13	507
574	B464	望都石鲁工田仲文作			264	598
575	B465	望都石鲁田仲文作			12	601
576	B466	望都石曲逆刘建作	两行布局		263	427
577	B468	望都石段颜石			262	347
578	B471	望都石鲁工颜伯文作			9	611
579	B472	望都东平寿张王圣作			260	512
580	B474	望都石鲁工田仲文作			259	599
581	B475	望都石曲逆刘建	"石"字反书	B613	7	432
582	B478	□石鲁国卜工孙伯作			257	625
583	B480	望都石文阳车和作			298	635
584	B481	望都都石鲁国卜工孙伯作	两行布局；"石"字反书		4	626
585	B482	望都			3	296
586	B483	望都石工段山作				342
587	B484	望都石段伯作				335
588	B486	望都石下邑朱河作			253	567
589	B487	望都石鲁工颜伯文作			1	612
590	B488	望都段颜石			252	355
591	B489	东平马兄北平				125
592	B490	北平石安险工张伯	"险"字"阝"旁反书			92
593	B491	北平				6
594	B492	北平				7

定州北庄子汉墓黄肠石题铭

序号	题名编号	题 铭 内 容	备注	重复销号	原石照片	图版
595	B493	北平				8
596	B494	望都梁工				546
597	B495	北平石安险工吴都作				81
598	B496	望都				297
599	B497	东平许叔北平石				142
600	B498	望都				298
601	B499	望都石		362		321
602	B500	北平石無				159
603	B501	北平石				24
604	B502	望都石工曲□				406
605	B503	险工吴都作				85
606	B504	北平下邑周伯				226
607	B505	北平石工董平				29
608	B506	北平东平王□				158
609	B507	鲁工田次石				263
610	B508	□于仲荆作				617
611	B509	北平□				26
612	B510	北平鲁石工宣子作				271
613	B511	北平下邑				208
614	B512	陆工兒哀作				473
615	B513	□国文阳工许伯	"国"字剜洗变形			647
616	B514	北平石安				64
617	B515	东平马兄北平				129
618	B516	□孙				708
619	B517	望都石				323
620	B518	北平石鲁麃				235
621	B519	平许叔				147
622	B520	□田次石	"次"字剜洗变形			264
623	B521	望都□				328
624	B522	庆王				381
625	B523	北平				9
626	B524	卫山作				385
627	B525	望都梁				541
628	B526	望都石工段山	"段"字剜洗变形			343

序号	题名编号	题 铭 内 容	备注	重复销号	原石照片	图版
629	B527	北平石梁国工邹建				197
630	B528	□作				713
631	B529	北平石				25
632	B530	平石				14
633	B532	仲作				712
634	B533	成江河 张大				490
635	B534	望都梁国顼少	"少"字反书			552
636	B535	望都石				322
637	B536	东平马兄北平				126
638	B538	北平				10
639	B539	伯宁				400
640	B540	平石下邑周伯				228
641	B541	上曲阳				666
642	B542	通治				709
643	B543	□□东平章				523
644	B544	柏仲作				585
645	B545	上曲阳				667
646	B546	北平				11
647	B547	北平章张和卩	两行布局			181
648	B548	段次宜作				338
649	B549	石安国工孟作				70
650	B550	望都□				329
651	B551	石				718
652	B552	安险张伯				95
653	B553	□许叔				148
654	B554	上曲阳石				678
655	B556	石卫安作				41
656	B557	上曲阳石				679
657	B558	北平		412		12
658	B559	□国石				707
659	B561	山阳工石				697
660	B562	望都石王阳				383
661	B563	北平		413		13
662	B564	望都东平寿张	"平寿张"三字剜洗变形			501

序号	题名编号	题 铭 内 容	备注	重复销号	原石照片	图版
663	B565	北平章张和阝石	两行布局			179
664	B566	望都石				327
665	B567	东平许叔北平石				143
666	B568	曲逆梁统				420
667	B570	望都庆王				375
668	B571	望都石庆				377
669	B572	东平富成魏兄作				495
670	B573	北平石安险工吴				83
671	B575	北平石北□				97
672	B576	石鲁				229
673	B577	望都				303
674	B578	望都				299
675	B579	石安险				73
676	B580	望都石				324
677	B581	望都	"都"字"者、阝"部首换位			300
678	B582	北平石北新城工				99
679	B583	北平石卫				54
680	B584	望都石唐工□				443
681	B585	新城工傅				101
682	B586	都石东平				457
683	B587	北平鲁				230
684	B588	都石东平陆工兑				470
685	B589	许伯				649
686	B590	东平马兄北平				127
687	B591	望都梁国朱伯作				558
688	B592	东平马兄北平 东平马兄北平	倒顺两行，内容相同			131
689	B593	望都				301
690	B594	北平鲁				231
691	B595	望都梁国				544
692	B596	伯作				710
693	B597	望都曲逆郑次	两行布局			442
694	B598	北平石鲁				233
695	B599	望都				302
696	B600	北平下邑丁陵工	两行布局			214

定州北庄子汉墓黄肠石题铭

序号	题名编号	题铭内容	备注	重复销号	原石照片	图版
697	B601	望都石张伯和	两行布局			386
698	B602	工孟佰				446
699	B603	城工耿叔陵作				103
700	B604	望都				304
701	B605	东平马兄北平				128
702	B606	于通作				538
703	B607	工孟佰				447
704	B608	望都石				325
705	B609	上曲				654
706	B610	望都东平				456
707	B611	北平梁国下邑周伯	"国"等多字剜洗变形			223
708	B612	望都				305
709	B614	都石鲁卜工孙伯作				628
710	B616	鲁国文阳石工于鱼望都石			6	652
711	B617	望都盖孟石			14	358
712	B618	北平平阳王解			192	156
713	B619	望都梁郡朱河作			321	564
714	B620	望都下邑朱礼			46	573
715	Y2	北平石鲁孔都作				250
716	Y3	北平石無□□□				160
717	Y4	望都□成□□□				499
718	Y5	□平石鲁□				234
合计	718			77	442	

注：表中《报告》为《考古学报》1964年第2期发表《河北定县北庄汉墓发掘报告》的简称。

　　河北省文物考古研究院收藏1964年《发掘报告》所公布的黄肠石题铭拓本编号计174个，经核查，其中有4组拓本重复，即原报告的W16（163页的图16）与W154（193页的图154）（图一〇，1）；W41（191页的图41）与W155（189页的图155）（图一〇，2）；W67（181页的图67）与W156（189页的图156）（图一〇，3）；W125（188页的图125）与W153（194页的图153）（图一〇，4）。根据拓本清晰度和保存状况，将原编号为W16、W41、W125和W156的4个编号销号。如此，《发掘报告》公布的刻石实有170方，拓本170种。

　　观察定州市博物馆所藏题铭拓本编号618个，其中缺号6个，重复销号73个，实有题铭拓本539种。通过拓本与刻石原石的对比，新发现5方刻石没有拓本，新补拓5种。定州市博物馆馆藏和新补拓拓本共计544种。

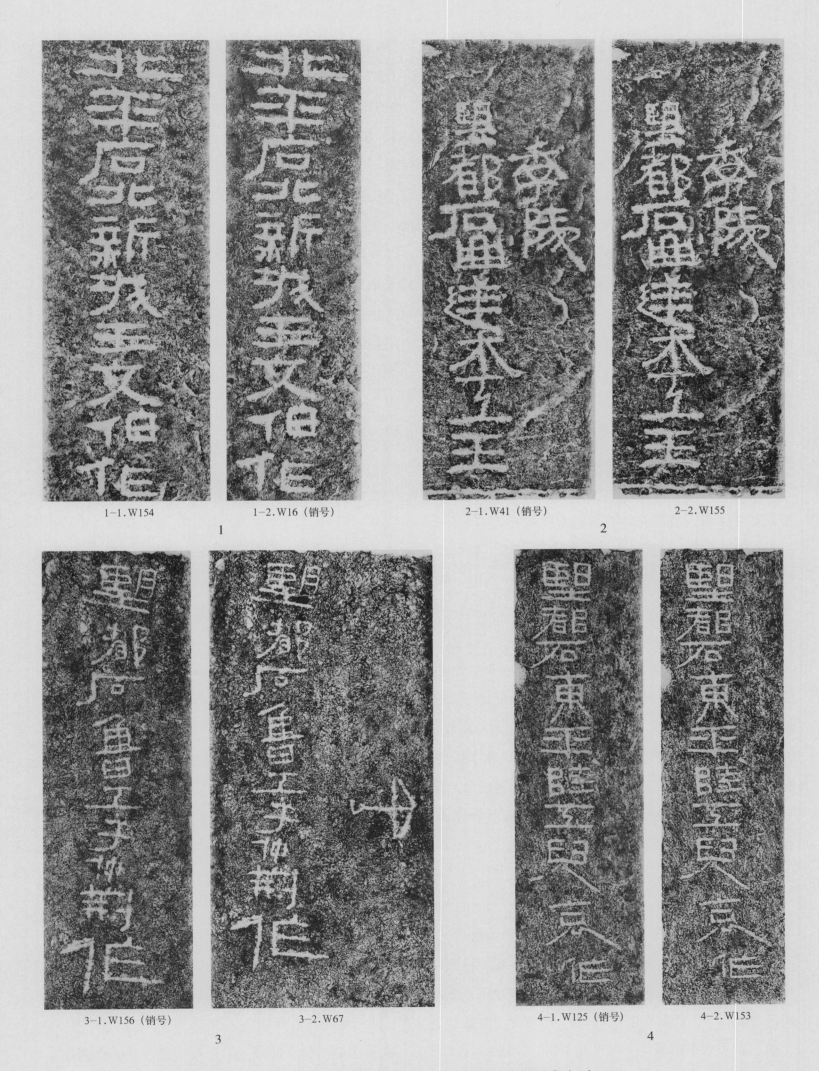

1-1.W154   1-2.W16（销号）   2-1.W41（销号）   2-2.W155

1   2

3-1.W156（销号）   3-2.W67   4-1.W125（销号）   4-2.W153

3   4

图一〇 《发掘报告》公布黄肠石题铭重复拓本

野风美术中学收藏石刻 5 方，所拓拓本编号 5 个，其中重复销号 1 个，实有题铭拓本 4 种。

河北省文物考古研究院、定州市博物馆和野风美术中学三家共收藏刻铭黄肠石拓本 718 种。

经确认的 718 种黄肠石题铭，每种对应 1 方刻石。如果忽略被遗失或损毁的刻石的话，可以认为，定州北庄子汉墓发掘以来，面世的刻铭黄肠石实际数量为 718 方。

通过对《发掘报告》公布的 170 种题铭拓本与现存刻石比对研究，可知这批刻石的遗失、损毁比率。《发掘报告》所公布的 170 块刻石中，现今定州市汉墓石刻馆收藏 66 方，野风收藏 1 方，共计 67 方，其余的 103 方刻石或被毁坏，或遭遗失，或由私家收藏，损毁、遗失率高达 60%。

若参照《发掘报告》公布刻石的损毁遗失率估算，以现存 639 方刻石除以 60%，定州北庄子汉墓出土的刻铭黄肠石总数为 1065 方。若依此估算，北庄子汉墓出土的刻石当在 1000 方以上。不过，这只是估计数字。

山东省济宁市任城王墓出土黄肠石约 4500 方，其中有题铭者 800 方。这只是该墓黄肠石题凑外表可见者，而不可见者"据墓葬发掘者估计，埋压在封土和石墙内的题字石刻是目前可见题字的一倍左右"。那么，任城王墓刻石的估计数值当在 1500 方左右，数字远远大于北庄子汉墓。比较而言，对北庄子汉墓刻石的估算数字并不过分。

从黄肠石题铭观察，北庄子汉墓刻石残断、破损者所占比重较大，其因缘不言自明，大多是在修建和拆除桥梁、水闸施工过程中，被人为破料，砸断的结果。

在 718 方刻石中，产地不明的 12 方，明确产地的 706 方。依据石材产地统计，在标明产地的 706 方刻石中，望都石 377 方，北平石 276 方，上曲阳石 53 方。

依据制石国（郡）统计，不明国（郡）籍的刻石共计 109 方，其中北平石 28 方，望都石 55 方，上曲阳石 26 方；明国（郡）籍的刻石 597 方，其中，6 国（郡）制石数量依次为中山国 230 方，约占 38.5%；东平国 150 方，约占 25.1%；鲁国 127 方，约占 21.3%；梁国 76 方，约占 12.7%；山阳郡 9 方，约占 1.5%；济南国 5 方，约占 0.8%。

在明国（郡）籍的 597 方刻石中，不明县籍的 59 方，明县籍的 538 方。制石 40 方以上者有 4 县，其中鲁 87（两产地），望都 59，下邑 44（两产地），曲逆 42 方。制石 30 方以上者 1 县，即北平县，制石 35 方。制石 20 以上者 6 县，其中章 28（两产地），富成 25，安险 24，寿张 23，文阳 23，北新城 22 方。制石 10 方以上者 6 县，其中东平陆 16，无盐 13，卞 13，唐 12，卢奴 10，南平阳 10 方。制石 10 方以下者 10 县，其中安国 9，新市 9，山阳 9，东平陵 5，苦陉 4，谷孰 4，薛 4，毋极 4，己氏 3，单父 1 方。

从以上可见，制石最多的是鲁国的鲁县和中山国的望都县，最少的是梁国的己氏和单父县，单父县仅存 1 方，且是在北平石材产地加工生产的。

4. 题铭布局

北庄子汉墓黄肠石题铭，多数镌刻于黄肠石的正面，少数镌刻于侧面。文字皆为竖排，多为一行，二行者数量较少，三、四行者罕见。两行者或为镌刻习惯布局所致，或为丢字补遗所为。如东平国章县石工张和卩，见有题铭 11 种，除最完整的题铭 B81（图版一七二）"北平东平章张和卩石"外，其他全部为竖排两行布局，一行镌刻"北平"，另一行镌刻"章张和卩石"。两行题铭内容可以左右倒换，还都省略了"东平"二字，如 W27（图版一七三）和 B565（图版一七九）等。这种布局者达 7 种以上，是石工张和卩的代表作，当是作者刻意所为。

个别题铭由两人完成，倒顺两行排列，如 W83（图版五九五），题铭为"望都石鲁马次"和"北平石鲁修太"，两名石工同为鲁国工匠，石材产地却分别为望都和北平，不知如何解释。如 B533（图版四九〇），为江河、张大合作完成。还有特殊 1 例，拓本 B592（图版一三一），平行两行布局，铭内容相同，均为"东平马兄北平"，字形左小右大，笔迹相同，当为石工马兄镌刻。究其因缘，可能是因为当左侧题铭完成后，又需在该刻石左侧雕凿榫卯结构，题铭遭到不同程度地损坏，故而，马兄又在右侧重刻一行，内容相同。

题铭 W111（图版二〇二），为三行布局，9 字，自右而左依次为"北平"；"梁国朱伯石"；"己氏"。显而易见，该题铭突出的是梁国朱伯，而北平、己氏被有意弱化，似为题铭者朱伯刻意设计的图案。

题铭四行布局者 1 例，B295（图版四四八），计 14 字，自左而右分别为"望都石□"；"望都"，望字简写似忘字；"孟佰颜□工"，□字疑为唐字剜洗变形，不可辨别；"徐□石"。此石系由孟佰和徐□二工匠合作完成。

5. 镌刻程序

当黄肠石经过制石工匠精心契凿斧剁，六面加工平整，达到质量要求之后，最后一道工序便是镌刻文字，即题铭。一般说来，加工过程中留下的平行或交叉的錾道瘢痕，会与所镌刻文字笔画产生干扰，文字显得杂乱无章，甚至影响到题铭清晰度而难以辨识。为方便起见，工匠们利用斧凿錾刀等利器，直接在石上选择较平整部位冲刻文字，依次而就，一般不必先书后刻。镌刻的顺序是先将整行文字的横笔刻就，而后再冲刻点、竖、撇、捺等笔画。如此，既便于操作，又省工省力。如 W49 "望都石文阳车和"（图版六三六），系鲁国文阳县工匠车和所刻，左行因错刻保留下诸多横画踪迹，右行为二次刻成功作品。这种情况在北平、望都石材场地题铭中表现的较为清晰，并为我们分析研究工匠刻铭顺序，提供了可信证据。

先书后刻的情形似乎在上曲阳石中可以见到，对保存的墨书和一部分墨书一部分镌刻的题铭分析表明，在这里，大部分题铭可能采取了先书后刻的工序。

6. 题铭格式

通过北庄子汉墓、河南洛阳、山东济宁任城王墓黄肠石题铭比较研究可见，三地在题铭格式上既有相同之处，即都以工匠姓名和籍贯为核心，也有很大区别。洛阳者年代较早，文字最多，20 字者常见，格式最完整，多数题铭包括工匠姓名、工头姓名、衙署主管、尺寸、序号、年号和验记年、月、日等。如"李伯石，广三尺，厚尺五，长三尺四寸，第一。永建二年四月省"。再如"索。第百五十一。广三尺，厚二尺，长尺六寸。建宁五年二月省，掾陈宫主"。省略简化者也较为常见。如"张仲石，左孟治"。有的只刻有石工姓名，如"李卪"、"王少"等。

任城王墓的题铭最多 11 字，最少 1 字，多数 3～5 字。皆因文字数量的限制，题铭的格式也最为简洁，内容涉及到工匠姓名、工头姓名，尺寸、官职、作坊、吉语等。任城王墓题铭常见的格式：国名、县名和工匠姓名者有之，如"梁国己氏魏贤"；县名和工匠姓名者有之，如"富城曹文"；国名和县名者有之，如"东平无盐"；县名、吉语者有之，如"无盐石工浩大"；专业作坊者有之，如"金乡匠斋"；只刻工匠姓名者所占比例较大，如"鲁柏仲"、"时生"等。

比较而言，定州北庄子汉墓黄肠石题铭格式有自己的独特性，就是一般将石材产地放在首当其冲的位置，多作为题铭的开端，这是其他两地所不具备的。其他内容比洛阳者更加简化，例如不见序号、年号和验记年、月、日等。标注尺寸者罕见，尺寸极度简化，刻有衙署主管者仅有 1 例。与任城王墓比较，题铭格式较为规范，工匠籍贯普遍受到重视。题铭的核心是石材产地，石工籍贯、姓名，最后是作，其中产地为开篇，工匠姓名为重中之重。

纵观北庄子汉墓题铭可见，来自中山国以外的工匠题铭的规范格式为：产地 + 籍贯（国（郡）、县）+ 姓名 + 作（动词）。如题铭 W141，"望都石东平寿张陈荆作"（图版五〇二）。在这一范本下，内容可以简化，次序可以倒换，"作"字可以省略。省略"作"字，如 W99，"北平石梁国谷埶丁圣"（图版一九八）；县名放在最后，如 W111，"北平梁国朱伯石己氏"（图版二〇二）。产地放在最后，如 W45，"鲁文阳石工于鱼望都石"（图版六五三）；产地放在中间，如 W68，"梁国北平石丁□"（图版二〇一）。

省略国（郡）名：如题铭 W37，"望都石东平陆工兒哀作"（图版四五九），省略了东平国；B35，"北平石下邑周伯"（图版二二四），省略了梁国。W143，"北平东平陵江长兄石"（图版一八四），省略了济南国。特别指出的是，来自中山国本土 12 县的工匠的题铭，不管在哪个石材产地，均不属中山国国籍，如 W138，"'上曲阳'新市石耿文"（图版六九九）；W114，"'上曲阳'李文新市石"（图版七〇〇），上曲阳均为墨书，而石字并非指石材产地，而是制作或制石的意思。再如 W18，"北平北新城工马伯成作"（图版一〇四），W23，"望都石曲逆工高巨作"等（图版四〇七）。

省略县名：如题铭 W30，"东平许叔北平石"（图版一三九），W162，"东平马兄北平"（图版一二一），W137，"望都梁国丁巨"（图版五五一），W117，"望都梁郡郑丹"（图版五五三）。石材产地北平、望都、上曲阳县的石工，都在所在县的石材加工场地参加生产，他们的题铭最为简略，即县名 + 姓名，如 B155，"北平石工卫叔荣作"（图版五一）；W146，"北平羊文"（图版六一）；W115，"望都段颜石"（图版三四九）；W74，"望都庆王"（图版三七二）。在这里，北平、望都具有双重含义，既是制石工匠的县籍，也是石材的产地。

石工朱礼是梁国下邑县人，在望都石材产地参与制石，他留有 5 方刻石，他的题铭依次省略简化为：W107 "望都梁郡下邑朱礼石"（图版五七〇），将望都石的"石"放置最后，既表示望都石之意，还有"作"字的含义，一举两得；B451 "望都□下邑朱礼（图版五七一）"，"□"当为"石"字，但被剜洗为"梁"字的上半部分，梁字讲不通；B620 "望都下邑朱礼（图版五七三）"，两例，省略掉"梁郡"和"石"字；而 W142 "下邑朱礼"（图版五七四）是朱礼题铭中的最简洁版。

题铭有尺寸的极为少见，仅有 4 例，如拓本 W86，"望都石唐工重伯安二尺二'寸'"（图版四五四）；W77，"望都曲逆李次孙石尺二寸"（图版四一七）；W147，"北平尺五寸"（图版二八）。

7. 题铭内容

北庄子汉墓题铭 718 种，文字数量总计 4300 多个，使用汉字 173 个（表三）。题铭字数最少的 1 字，多为残断所致，最多的 14 字，以 6 字（100 例）、7 字（125 例）和 8 字（93 例）比率最高，约占全部文字的 50%。因此，以镌刻 6 ～ 8 个字的题铭为主。

顺序	内容	数量
A	安、哀	2
B	白、伯、佰、柏、卞、廉、北	7
C	长、车、成、城、陈、寸、尺、次、春、重、曹、	11
D	大、当、丹、段、都、邓、董、丁、东	9
E	二、兒	2
F	付、富、父、傅	4
G	国、耿、过、谷、盖、高、工、功	8
H	豪、和、华、黄、河、虎、霍	7
J	建、健、巨、季、井、荆、江、卩、君、郡、己、极	12
K	开、苦、孔	3
L	梁、郎、立、李、礼、鲁、卢、陆、吕、刘、陵	11
M	马、木、孟、明	4
N	宁、逆、奴	3
P	平	1
Q	权、曲、奇、庆、巧	5
R	孺、荣	2
S	山、上、少、邵、石、世、氏、史、单、執、孙、圣、寿、叔、市	15
T	太、通、统、唐、田、土	6
W	王、望、忘、魏、卫、文、五、无、吴、無、毋、武	12
X	夏、下、县、谢、解、险、新、徐、宣、兄、许、项、薛、修、陉	15
Y	燕、盐、颜、阳、羊、杨、元、袁、掾、尹、由、一、邑、义、议、宜、于、鱼、玉、魚	20
Z	张、章、仲、子、作、祝、朱、郑、周、族、斋、中、治、邹	14
合计		173

题铭者为生产黄肠石的工匠，这些工匠在题铭中大都自称为石工。可见，当时制作黄肠石的工匠名称为石工。在参与制作黄肠石的工匠中，仅见一位自称木工，他来自中山国的曲逆县，名子叫王季陵，题铭为"望都石曲逆木工王季陵"（W155，图版四三四）。

地名：地名是题铭的重要内容之一，是制石工匠的籍贯。题铭中丰富的地名信息，为研究修筑规模宏大的北庄子汉墓参与国（郡）、县及与中山国的关系，探讨东汉中山王刘焉时期中山国疆域及其沿革等问题，都具有十分重要的意义。题铭显示，制石工匠来自中山国、东平国、梁国、鲁国、济南国和山阳郡6个国（郡）及27个属县，包括中山国的北平、安国、安险、北新城、上曲阳、苦陉、毋极、望都、卢奴、曲逆、唐、新市12县；东平国的南平阳、无盐、章、东平陆、富成、寿张6县；梁国的谷孰、己氏、单父、下邑4县；鲁国的鲁、薛、卞、文阳4县；济南国的东平陵1县。其中，山阳郡的工匠则不知其县籍。如此，为建造北庄子汉墓仅制作黄肠石一项，曾动用了 6 国（郡）27 县的工匠，涉及地名 33 个。值得注意的是，题铭中出现的所有国、郡、县的名称，大都将"国"、"郡"和"县"字省略，如在明确县籍的 538 方刻石中，只有 2 方见有"县"字，如题铭 W90 "望都石鲁文阳县于伯逆鱼"（图版六五○）和 B371 "望都石鲁文阳县许伯"（图版六四三），镌刻石工均来自鲁国文阳县。

来自 6 国（郡）27 县的制石工匠，被分配到三个石材产地参加生产制作。引人注意的是，东平国的工匠们被分配参加了北平、望都和上曲阳三地的制石，梁国和鲁国的工匠被分配参与了北平、望都两地的制石，济南国的东平陵县参加了北平的制石，山阳郡参与了上曲阳的制石。另外，东平国章县，梁国下邑县的工匠，被一分为二，分别参加了北平和望都石材场地的制石。实际上，这是建造墓葬管理部门的刻意安排。

据马孟龙研究，黄肠石题凑墓的建造最早流行今山东、河南两省交界地区，也就是东平、梁国、鲁国、山阳郡分布区域。通过此类墓葬建造，这里的工匠们积累了丰富的经验，熟练地掌握了黄肠石制作技术。因此，当定州北庄子汉墓建造时，从这些国（郡）调集大批经验丰富的工匠，参与修建墓葬建筑工程。另一层含义是，在中山国区域内，首次建造这类黄肠石题凑宏大墓葬，当地工匠自然缺乏经验和制石技术。为保证工程进度和质量，管理者将熟练工安排到各个制作场地，对当地工匠有很现实的样板、交流和指导作用。这一得力措施，对于墓葬建造及黄肠石的制作，应该起到了非常重要的作用。例如，作为石材产地和黄肠石加工场地的上曲阳，没有梁国、鲁国的工匠参加，而山阳郡和东平国的工匠也甚少，当地也只见苦陉、毋极县工匠参加。因此，这里不仅制石数量很少，而且题铭非常不规范，文字粗糙，布局欠佳，在当地工匠中表现的极为突出。可能是因为缺少楷模，题刻功夫不熟练，这里还出现了墨书题记，有些黄肠石上全部为墨书，有些黄肠石的题铭是墨书与镌刻相互结合。这些现象，似乎表明先书后刻工艺在这里较为流行。

人名：题铭的主体是题铭匠人，即石工姓名，这些工匠既是黄肠石的制作者，又是镌刻题铭的主人。没有他们的辛勤劳动，我们几乎没有可能通过黄肠石题铭，研究当时平民百姓所创造的文化和书法艺术遗产。

据统计，在 718 种题铭中，不明县籍的 59 方，含东平国 35 方，梁国 24 方；其中，署有石工姓名的 43 方，不署石工姓名的 16 方。

明县籍的 538 方刻石中，署有石工姓名的 480 方，不署石工姓名的 58 方。

石工共计 150 人，其中，不明县籍的石工 14 人，包括东平国 3 名，梁国 11 名；明确县籍的石工 136 名，包括望都 23，鲁 19，北平 14，曲逆 11，下邑 10，北新城 8，文阳 7，唐 6，寿张 5，章 5，安险 4，新市 4，富成 3，安国 2，己氏 2，薛 2，卢奴 2，山阳 2，南平阳 1，無盐 1，章 1，东平陵 1，谷孰 1，东平陆 1，卞 1 名。明确县籍的石工数量，20 名以上 1 县，10 名以上 4 县，5 名以上 5 县，5 名以下 15 县，其中 7 县只有 1 名石工（表四）。

表四　定州北庄子汉墓黄肠石题铭石工及题铭数量统记表

石材产地	题铭数量	题铭国（郡）	题铭数量	题铭县份	题铭数量	石工姓名	题铭数量	石工数量
北平石	276	不明	28					
		中山国	90	北平	35	董平	1	14
						兒伯仲	1	
						兒睿	1	
						卫安	10	

石材产地	题铭数量	题铭国（郡）	题铭数量	题铭县份	题铭数量	石工姓名	题铭数量	石工数量
北平石	276	中山国	90	北平	35	卫山	5	14
						卫文	4	
						卫叔荣	4	
						武建	2	
						武健	1	
						吴子	1	
						徐立	1	
						徐工	1	
						羊文	2	
						袁当	1	
				安国	9	孟郎	6	2
						尹伯通	2	
				安险	24	吴都	13	4
						杨伯	3	
						张伯	6	
						张伯宣	1	
				北新城	22	傅伯	2	8
						付伯明	1	
						耿叔陵	1	
						马伯成	3	
						王文伯	6	
						张文	3	
						祝文	1	
						祝文虎	2	
		东平国	64	不明	30	马兄	12	3
						王伯	2	
						许叔	15	
				南平阳	10	王解	10	1
				無盐	13	邓过	10	1
				章	11	张和阝	11	1
		济南国	5	东平陵	5	江长兄	5	1
		梁国	41	不明	10	邓阳	1	7
						黄君	1	
						卢孙	1	

定州北庄子汉墓黄肠石题铭

石材产地	题铭数量	题铭国（郡）	题铭数量	题铭县份	题铭数量	石工姓名	题铭数量	石工数量
北平石	276	梁国	41	不明	10	权孺	1	7
						世奇	1	
						郑建	1	
						邹建	1	
				谷孰	4	丁圣	4	1
				己氏	3	朱伯	1	2
						祝魚	2	
				单父	1			
				下邑	23	邓阳	1	5
						丁陵	1	
						梁郡	5	
						兒伯	1	
						周伯	8	
		鲁国	48	鲁薛	44	伯大	1	8
						廉伯	12	
						孔都	6	
						逆伯	1	
						史仲阳	2	
						田次	7	
						修太	2	
						宣子	6	
					4	吴文	2	2
						族文	1	
望都石	377	不明	55					
		中山国	123	望都	59	伯	1	23
						邓伯	1	
						段伯阳	1	
						段伯	1	
						段次	1	
						段次宜	2	
						段次义	1	
						段山	6	
						段文	1	
						段颜	9	

石材产地	题铭数量	题铭国（郡）	题铭数量	题铭县份	题铭数量	石工姓名	题铭数量	石工数量
望都石	377	中山国	123	望都	59	盖孟	3	23
						霍大	2	
						李子少	2	
						梁叔中	3	
						庆王	16	
						王伯大	1	
						王阳	1	
						卫山	2	
						张伯和	1	
						张叔华	1	
						张玉重	1	
						张□	1	
						郑伯	1	
				卢奴	10	刘伯斋	6	2
						杨伯宁	4	
				曲逆	42	高巨	7	11
						高巨由	1	
						高	1	
						虎次	1	
						李次孙	2	
						梁统	2	
						刘建	11	
						王季陵	1	
						张伯和	3	
						张叔春	4	
						郑次	1	
				唐	12	孟佰	4	6
						孟佰颜、徐□	1	
						邵次	3	
						燕长田	1	
						重伯安	2	
		东平国	85	不明	4			
				东平陆	16	兒哀	16	1
				富成	25	江河	13	3

石材产地	题铭数量	题铭国（郡）	题铭数量	题铭县份	题铭数量	石工姓名	题铭数量	石工数量
望都石	377	东平国	85	寿张	23	江河、张大	1	
						魏长兄	8	
						陈荆	5	5
				寿张	23	王伯	1	5
						王圣	7	
						吕武	4	
						朱河	4	
				章	17	丁伯	2	5
						开文	3	
						王少	6	
						于通	4	
						张	1	
		梁国	35	不明	14	梁郡	4	4
						丁巨	1	
						顼少	1	
						郑丹	1	
		梁国	35	下邑	21	付伯	2	5
						许伯	1	
						朱伯	6	
						朱河	6	
						朱礼	5	
		鲁国	79	鲁	43	柏长豪	1	11
						柏张	1	
						柏仲	6	
						柏	1	
						井孙卿	6	
						马次	2	
						马次、修太	1	
						田仲文	6	
						薛季	5	
						颜伯文	7	
						于仲荆	4	
				卞	13	孙伯	13	1
				文阳	23	车和	7	7

石材产地	题铭数量	题铭国（郡）	题铭数量	题铭县份	题铭数量	石工姓名	题铭数量	石工数量

石材产地	题铭数量	题铭国（郡）	题铭数量	题铭县份	题铭数量	石工姓名	题铭数量	石工数量
望都石	377	鲁国	79	文阳	23	车山	1	7
						夏鱼土	1	
						许伯	8	
						于伯、逆鱼	1	
						于鱼	3	
上曲阳石	53	不明	26					
		山阳郡	9	山阳	9	陈元	1	2
						谢和	3	
		中山国	17	新市	9	耿次	1	4
						耿文	1	
						李文	2	
						杨文	5	
				苦陉	4			
				毋极	4			
		东平国	1	不明	1			
不明产地	12							
合计	718	6国（郡）	706	27县	597		523	150

　　以上石工人数并非绝对准确数字，因为，在黄肠石题铭中，当存在"同名异工"和"异名同工"现象。一些题铭显示，刻有同一石工姓名的黄肠石，可能出自不同石工之手，而同一石工可以为自己，也可以为其他石工（如不识字者）镌刻。

　　在题铭的石工姓名中，省工简字的例子也有发现，多表现为只留有石工的姓氏，而名字被省略。如鲁国工匠井孙卿，留有6方刻石，其中3方题铭为"望都石鲁工井孙卿作"，如W89，（图版五八七），另外3种为"望都石鲁工井孙作"，如W50，（图版五九〇）。在这里，作者不仅省略了自己的名字"卿"字，还说明该石工复姓"井孙"。

　　在上述石工中，二人重名的工匠计有8对，如名叫张伯和的两名工匠，一个来自中山国的曲逆县，另一个来自望都县；名叫朱河的两名工匠，一个来自梁国下邑县，另一个来自东平国寿张县；名叫朱伯的两名工匠则分别来自梁国下邑县和己氏县（表五）。

　　任城王墓有"鲁石柏元仲华"、"鲁柏仲"题铭，研究者认为，鲁国的石工"柏仲"是"柏元仲华"名字的简化。研究者注意到，在任城王墓和北庄子汉墓黄肠石题铭中，都出现了"鲁柏仲"字样，即鲁国石工"柏仲"。他们怀疑两地的"鲁柏仲"属同一名石工，此人可能既参加了北庄子汉墓制石，也参加了任城王墓的黄肠石制作，并以此作为推断两座墓葬年代非常接近的依据。查任城王墓题铭，发现"鲁石柏元仲华"题铭8种，"鲁柏仲"2种，还有"鲁仲华"3种。特别是"鲁柏仲"，在笔体上与"柏元仲华"存在明显差异。在北庄子汉墓题铭中，鲁国鲁县的石工柏仲，在望都石材场地参加制石，留有 7 种题铭，格式非常规范，除 2 件刻石的上部和下部残断外，其他题铭都是"望都石鲁工柏仲作"，残损者也当一样。在这里，没有见到"柏元仲华"之称呼。另外，柏仲的刻铭布局规矩，书刻熟练，字体工整。看来，将两地重名者视为同一石工尚需斟酌。

表五　定州北庄子汉墓黄肠石题铭重名石工登记表

序号	石工姓名	产地	国（郡）	县	制石数量
1	王伯	北平	中山国	不明	2
		望都	东平国	寿张	1
2	邓阳	北平	梁国	不明	1
		北平	梁国	下邑	1
3	朱伯	北平	梁国	己氏	1
		望都	梁国	下邑	6
4	梁郡	北平	梁国	下邑	5
		望都	梁国	不明	4
5	卫山	北平	中山国	北平	5
		望都	中山国	望都	2
6	张伯和	望都	中山国	望都	1
		望都	中山国	曲逆	3
7	朱河	望都	东平	寿张	4
		望都	梁国	下邑	6
8	许伯	望都	梁国	下邑	1
		望都	鲁国	文阳	8
合计	8				51

北庄子汉墓黄肠石题铭中，题铭 1 种的石工人数最多，约占 42%，超过 10 种的只有 12 人。题铭数量最多的工匠是东平国东平陆县的兒哀和中山国望都县的庆王，每人都留有 16 种。兒哀题铭规范，计 97 字；庆王题铭简洁，计 71 字。无论从题铭规范、格式和布局，还是从书法艺术上，东平陆的兒哀占有明显优势。

涉及管理官员的刻石仅有 1 例，即题铭 W171 "望都议曹掾张□"（图版三八九）。"议曹掾"当为汉置官名，为郡守属官，无固定职事，参与谋议。在这里，议曹掾张□可能是被派遣专门负责管理营造陵墓的官吏。在洛阳出土的黄肠石题铭中，属官称者有"掾陈宫主"、"黄肠掾王条主"等，其中"掾"字被认为是黄肠掾的简称，王条、陈宫的官职为黄肠掾，领导黄肠石的生产。任城王墓的题铭中的官吏称为"祭尊"，可见祭尊是管理黄肠石制作官员的官职。因此，议曹掾、黄肠掾、祭尊官职名称不同，其职事无别。

根据题铭内容及石工籍贯统计，可以了解参与制石国（郡）、县石工所制作刻铭黄肠石的数量，除不明确产地的 12 种题铭外，6 国（郡）中，中山国石工制石最多，达 230 方，其他依此为东平国、鲁国、梁国、山阳郡和济南国。济南国只有东平陵县的江长兒一人在北平石材产地参加制石，他留有 5 件刻石，从个人来说，制石数量不少，但作为济南国来说，是6国（郡）中最少的。在参与制石的27县中，最少的梁国单父县仅1方，最多的鲁国鲁县87方，中山国的望都县59方。

有些黄肠石题铭文字难以辨识，通常是受到加工找平黄肠石平面时留下的工具痕迹，即錾道斑痕的扰乱，或者是受到镌刻工匠直接冲刻时走笔变形的影响。对这一难题，题铭文字内容相同，可以通过比较隶定，且数量越多越准确。如鲁国工匠麃伯的"麃"字，梁国下邑工匠周伯的"周"字等等，不少字依此方法可较为准确地辨识出来。

在洛阳和任城王墓的题铭中，制石工匠之后的动词多用"治"字，即治石，注明此石由某某石工制作。在北庄子汉墓的题铭中，"治"仅存1例，即B542（图版七〇九），因刻石上部断裂，只残存最后"通治"二字。除省略者外，其余的题铭全部使用"作"字，也是制石之意。

符号：北庄子汉墓题铭中，镌刻有符号的只有1例，即W67（图版六一四），题铭右侧刻一箭镞形符号，指向右方，刻功熟练，系鲁国工匠于仲荆所为，但其含义不明。

字体简化：字体的简化表现的不是很突出，不像任城王墓的一些题铭，很多笔画甚多的字被简化为符号来代替，但也存在一些例证。如B232"亡都石一尺亡都"（图版三三一），两行布局，两个望都，可能是由于左行都字刻错，改右行重刻，即二次刻，两个"亡"字都是"望"字的简写。B343"亡都石下邑朱伯"（图版五六〇）的"望"字也简写为"亡"字。

误刻：误刻的情况很少见，例如，题铭W119，"北平东平陉江长'兄'"（图版一八三），"陉"字为"陵"字的误刻。因为，石工江长兄是来自济南国东平陵县，其名下有5种题铭，除此之外，其余4种刻石均为东平陵。另外，从题铭看来，前来参加制石的工匠，济南国只有东平陵一县，东平陵县石工只有江长兄一人。因此，判其误刻没有任何问题。再如W42"北平石马伯成北新城巧"（图版一〇六），最后的"巧"字应该是"功"字的误刻。在题铭中，绝大多数石工使用"工"字，极少数石工使用"功"字，证明当时二字可以通用。中山国北新城县的石工马伯成，他留有刻石3例，其中2例使用"工"字，1例使用为"功"字，而"功"字被误刻为"巧"字。卢奴石工刘伯斋留有6种刻石，其中他在题铭W75"望都石卢奴功刘伯斋"（图版三九一）中使用了"功"字，而其他题铭的"功"或"工"字均被省略。

反书：反书的例子较多，例如拓本W23，"望都石曲逆工高巨作"（图版四〇七），除曲、工、高三字无法显示反书外，其它六字均为反书，也可视为整幅反书。中山国曲逆县的石工高巨酷爱反书，他留有题铭7种，有的"都"字反书，有的"巨"字反书，整幅反书者仅此一例。看来，石工高巨可能是在故意炫耀自己文化和镌刻技艺水平。还有一些例子，或为部首易位，或为反书，多为一两个字。如富成县石工江河，曾故意常将自己的名字反刻（W8，图版四七七）。就单字而言，"石"字反书较多，"都"字左右部首易位常见。

8. 题铭比较

定州北庄子汉墓与济宁任城王墓的规模、形制和年代都非常接近，黄肠石题铭的可比性很高。

黄肠石数量：都是估计数字，北庄子汉墓4000余方，任城王墓4500余方，数字接近。

黄肠石形状和大小：两地都为方形和少量长方形，方形黄肠石的大小大体相同，北庄子汉墓两个数据，《发掘报告》为长宽1米左右，厚25厘米；《清理报告》记录为边长97，厚27厘米。任城王墓边长95，厚25厘米。

刻铭黄肠石数量：包括两个数字，一个是已知数字，北庄子汉墓通过三家所藏刻铭拓本比对确定 718 方，任城王墓是根据石椁显露的刻铭统计为 785 方；另一个数字是估计的刻铭黄肠石的总数，北庄子汉墓超过 1000 方，除现存的 639 方外，其他的已毁坏遗失。任城王墓约为 1500 余方，除已知者外，其余的被砌于石椁壁中。

题铭文字：题铭的全部字数，北庄子汉墓统计为 4300 余字，任城王墓估计为 4000 余字。题铭中使用汉字，北庄子汉墓统计为 173 个，任城王墓没有统计。常见规范题铭的字数，北庄子汉墓多为 6～8 字，任城王墓多为 3～5 字。

涉及地名：国（郡）、县地名，北庄子汉墓 33 个，任城王墓 27 个。涉及到的国（郡），北庄子汉墓 6 个，任城王墓 8 个。涉及到的县，北庄子汉墓 27 个，任城王墓 22 个。值得关注的是，东平国的富成、无盐、东平陆、章县，鲁国的鲁、薛、文阳县，梁国的下邑、己氏、谷孰县，即 3 国 10 县的石工，不仅参加了北庄子汉墓，也参加了任城王墓黄肠石的生产制作。

石工数量：北庄子汉墓的题铭署名多为某某石工或某某作，而任城王墓多直署姓名，省略石工二字，如"金乡韩光"、"鲁石柏元仲华"等。北庄子汉墓计有石工 150 名，其中标明县籍贯的 136 名。任城王墓计有石工 57 名，标明籍贯的 40 名。

9. 剜洗影响

在金石碑刻研究中，常见洗碑一词。洗碑的含义是，因碑刻年久天长，经风化剥蚀，所刻文字受到较大影响，以致碑石表面斑驳漫漶，笔道模糊不清。有时，会有人请知名匠人，用斧凿刻刀，按原笔画重新剜刻，以加强文字的清晰度，这种行为即为洗碑。经剜洗的碑刻，其文字往往失其真，书风往往失其神，而愈发不可观。在历史上，不乏有此愚蠢之举。

定州北庄子汉墓的黄肠石题铭，部分也遭到不同程度的剜洗，此举应该发生在 1975 年开始修建碑廊的过程中，不知是何人主其事，何人具体操作，很有可能是上墙后剜洗的。从定州博物馆提供的题铭拓片观察可知，至少有三分之一以上的题铭经过剜洗。由于剜洗者文化水平不高，刻石技艺很差，出现了不少误刻甚至画蛇添足的事例。

如题铭 W88"望都曲逆高巨由石"，是未经剜洗的作品，而被剜洗者（现存刻石，原编号 B363，重复销号）不仅非常失真，而且把"由"字随意加刻一竖，使其变为"曲"字（图一一，1）。如此，定会给研究人员带来错觉，例如，何慕在《河北定县北庄汉墓题铭的整理》一文的注 4 中说："原拓片编号为 88 号。'曲'，原释文为'由'，拓片也显然为'由'。今依实物改为'曲'"。原拓为"由"字，剜洗后的刻石为"曲"字，看来，研究者并不知道此刻石经过了剜洗，更不知道其为画蛇添足之举。

拓本 W39 和 B104 题铭内容相同，为"北平石北新成工祝文虎作"（图一一，2），二拓本并不重复品，可见笔体雷同，出自一人之手。不同的是前者未经剜洗，石工祝文虎的"虎"字清晰易辨；后者经过剜洗，但剜洗者误将"虎"字剜刻为"由"字。

石工宣子，来自鲁国鲁县，他留有刻石 6 方，他正规的题铭是 W34，内容为"北平鲁石工宣子作"。在 6 种题铭中，5 种署名都为"宣子"，如 B41，唯独 B133 为圆子（图一一，3）。经比对笔体，确认同为一人镌刻，只不过此"圆"字是"宣"字的错误剜洗，故将其归于石工宣子名下。

又如来自鲁国卞县的工匠孙伯，留有题铭 13 种，自称卞工孙伯。在他的题铭中，只有 1 例确认未经剜洗，

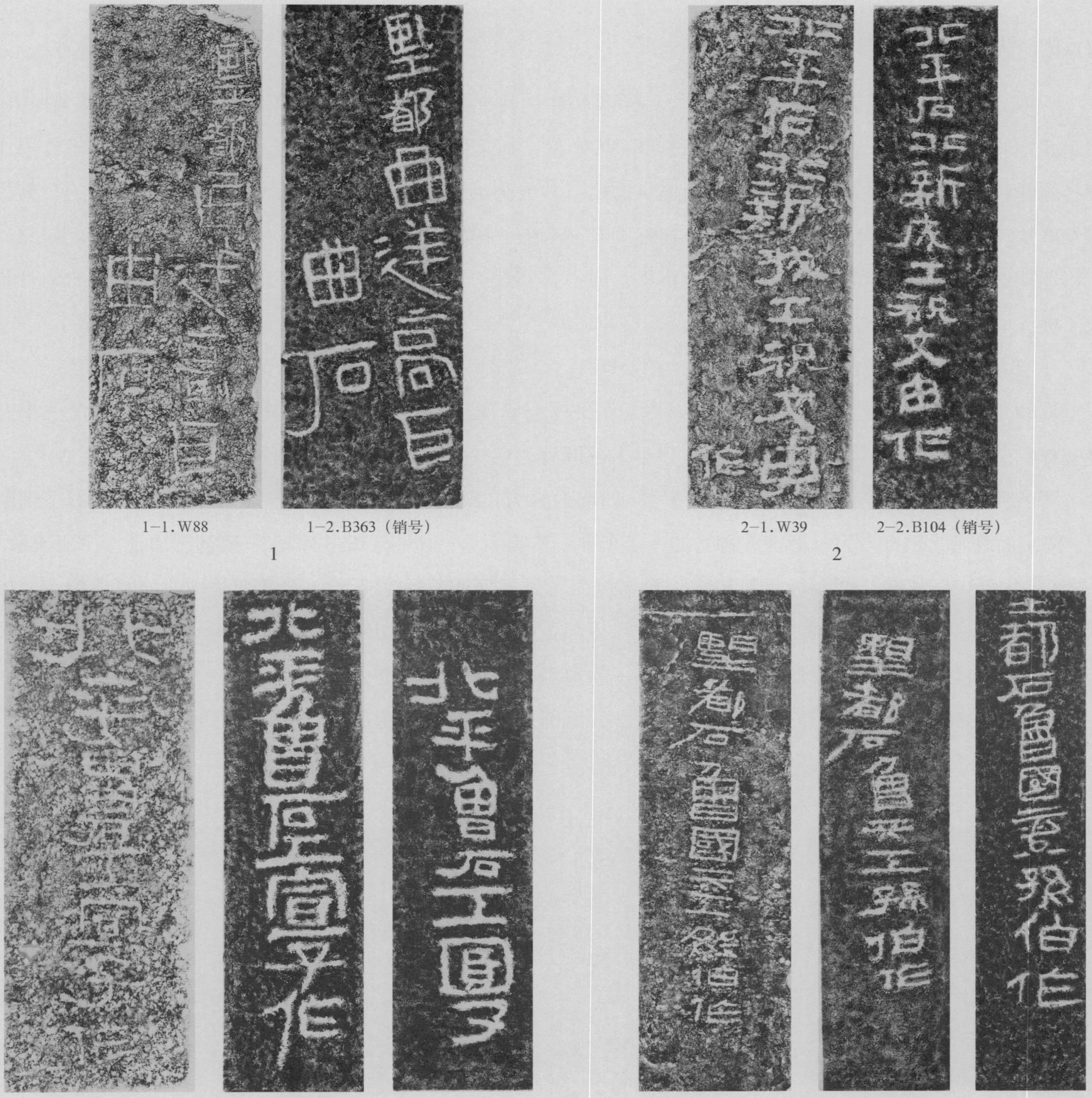

1-1. W88　1-2. B363（销号）
1
2-1. W39　2-2. B104（销号）
2
3-1. W34　3-2. B41　3-3. B133
3
4-1. W63　4-2. B368　4-3. B289
4

图一一　黄肠石题铭剜洗前后拓本对比

其余均有不同程度的再加工。因剜洗者不识“卞”字，甚至不知“卞工”之意，而“卞工”二字多误洗变形，或剜刻为它字。如 W63 未经剜洗，笔画刚劲有力。B368 剜洗较轻，还部分保存原韵，特别是卞工二字。而 B289 剜洗严重，笔意尽失，卞工二字变形而不可识（图一一，4）。

由上可知，对刻铭黄肠石字迹的剜洗是一个文化缺失的决策，对文物本体造成了极大的损坏，使其真实性受到了不同程度的影响，使其文化艺术价值大打折扣，与文化遗产保护原则背道而驰，应总结教训，引以为戒。

10. 断裂影响

纵观定州北庄子汉墓黄肠石题铭拓本，1959年拓印的几乎都是完整的，1962年拣选的部分显然受到损害，而定州博物馆所存拓本，在B500号之后多数不甚完整，甚至仅存残部。原因是这些刻石散失后，多被用作石料修建桥梁和水闸，在施工过程中，因建筑需要，被人为砸断、破损而至。总体而言，断裂破损的石刻超过100块，约占总数的七分之一。刻石破损程度有高有低，破损部位各式各样，有的仅留一两个字。如此，使得题铭或有残缺，或留有残迹，或不能辨识，或不解其意，或曲解其意。这种破坏，对这批珍贵的刻石造成了极大的，不可挽回的损坏。

上部损坏者：如B556"石卫安作"（图版四一），上部残断损失，内容已不完整，尚能理解其意。参照卫安留下的10种题铭拓本可知，此石系中山国北平县石工卫安所作，他的完整题铭有3例，为"北平石卫安作"。B516"□孙"（图版七〇八）也是上部断残，仅1字可识，其内容及含义已无法解释。

下部损坏者：如题铭B399，因重复销号，题铭内容为"望都石曲季陵"（图一二，1-1），原石下部断损，按字面理解，此石当为中山国望都县曲季陵所制。其实不然，通过与拓本W155"望都石曲逆木工王季陵"（图一二，1-2）比较，两者为重复拓本，只不过前者是下部残断后的拓本，后者则是残断前完整拓本。依据后者可知，此石系中山国曲逆县木工王季陵在望都石材产地所为。受残断影响，二者不仅题铭内容及含义偏差甚大，而且，参加制石的150个工匠中唯一的木工及其身份也被磨灭了。

如拓本B580，"望都[石]"（图版三二四），下部残损，只保存望都石三字，石字还有残损，其他文字

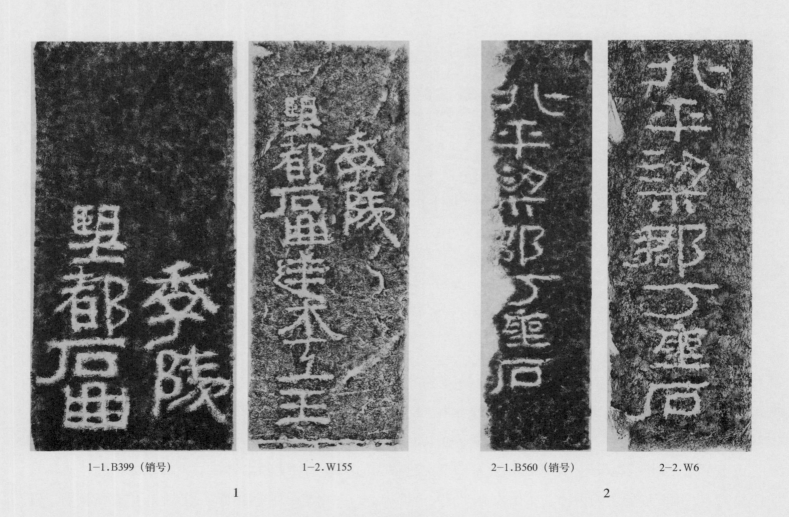

| 1-1.B399（销号） | 1-2.W155 | 2-1.B560（销号） | 2-2.W6 |

1   2

图一二　黄肠石题铭断裂影响拓本对比

定州北庄子汉墓黄肠石题铭

损毁了。依此题铭，只知此石生产于望都，其他信息被遗失了。此种例子很多，从保存众多的"北平"、"北平石"，"望都"、"望都石"的题铭可见一斑。

左边损坏者：拓本 B507，"鲁工田次石"（图版二六三），除左边残损外，上部也有断损。由此，上部还有几个字已无从知晓，而左边残损使得现存 5 字都不同程度地受损难辨。鲁国鲁县石工田次留有 7 种题铭，其完整题铭为"北平鲁石工田次作"，比较可知这一残损题铭的基本内容。再如原编号 B560"北平梁郡丁圣石"（图一二，2-1），因其为重复品被销号。其左边残损，除"石"字外，其它 6 字都不同程度地受到破坏，但文字还能辨别，内容也能理解。在观察比对拓片时，发现 W6（图一二，2-2）与其内容相同，笔体一致，确认其来自同一刻石，故将受损拓片销号。二者比较，此石除受损坏伤害外，还受到了剜洗的损伤，前者影响了完整，后者影响了神韵。

右边损坏者：此类标本较多，如 B508"□于仲荆作"（图版六一七），上部断损，右侧损伤，没有一个字完好无缺。于仲荆留下 4 种题铭，除此之外其余都为"望都石鲁工于仲荆作"，比较可见，此题铭当为鲁国于仲荆作，"望都石"三字已断损掉，"鲁"字仅存下部"日"字旁左半，若依残存题铭，很多信息都不见了。再如 B510，"北平鲁石工宣子作"（图版二七一），左边损伤，除"石工宣"三字外，其它都不同程度地被损坏，上部最为明显，甚至"北"字仅留一提。因石工宣子有题铭 6 种，与其他比较可以辨识。如果仅此例，至少"北平、作"三字不易识别。

上部下部都损坏者：如 B543"□□东平章"（图版五二三），此石上部、下部都断损，题铭开头、结尾不全，右边损坏也非常严重，所有的字都有破损。保留 5 字，前 2 字不能识，"东"字难以确认，只有"平章"二字尚能辨认。根据所识 3 字，东平是东平国，章为东平国章县，而前部石材产地被毁，后部石工姓名也未保存。如不是损坏所致，这一题铭毫无意义。参照其他题铭可知，东平国章县的石工参加了两个石材产地的生产，其中北平 1 人，望都 5 人。如此，既很难确认石材来自哪里，也不知石工是何许人也，重要的信息尽失。

第三章 墨书题记

在北庄子汉墓黄肠石上，可见有墨书题记，但数量较少。所有的墨书题记，都无一例外见于上曲阳石材加工场地生产的黄肠石上，说明当时只有这里流行墨书题记，而北平和望都则不见使用。

墨书题记大体可分为两种形式，一种是墨书＋刻铭，即同一刻铭黄肠石上，题铭内容一部分为墨书，另一部分为刻铭。如拓本 W138 为"'上曲阳'新市石耿文"（图版六九九）和 W114 为"'上曲阳'李文新市石"（图版七〇〇），其中，表明石材产地的"上曲阳"三字均为墨书，其他文字均为刻铭。此类题铭只有文字说明，没有原石照片，拓本上也只能见到刻铭。在题铭之中，还见到几例如"新市石李文"、"□市耿次"、"新市石杨文"等作品，格式同上，只见刻铭，没有记录有墨书"上曲阳"三字。墨书不易保存，很容易被水冲洗掉，因此墨书是有是无难以确定。

另一种形式全部为墨书题记，在 1959 年发掘照片中存有 3 例，即"上曲阳毋极石工"（图一三，1）、"上曲阳苦陉"（图一三，2）和"上曲阳石"（图一三，3），石上不见刻铭，只存墨书。在题铭中，也有与墨书文字内容近同的刻铭，如 W53，"上曲阳苦陉工石"（图版六八〇）、B203，"上曲阳毋极工□"（图版六八四）和 W136，"毋极石"（图版六八五）等，这些情况说明，相同内容的题铭，既可以墨书，也可以镌刻。上曲阳石材产地黄肠石的刻铭和墨书题记，大多刻写于黄肠石侧面，五六个字仍须两行布局。

黄肠石墨书题记没有得到《发掘报告》整理者的重视，只是"在这些石块中，发现有铭刻或墨书题字的共有 174 块，但大多数见于顶部的第一层石块上"这一句中提到墨书二字。虽然在题铭名单中列出了 2 种

| 1 | 2 | 3 |

图一三　黄肠石题铭中的墨书题记

既有墨书，又有刻铭的题铭，而原始发掘照片中的 3 方全部为墨书题记黄肠石则没有被提及。

查阅所有资料，有四处记录有墨书题记：《发掘报告》2 例，1959 年发掘照片 3 例，1959 年发掘登记表 9 例，1962 年清理登记表 6 例，共计 20 例。在这里，不排除其中可能有重复品，但数量不会太多。因此，这一数字不能代表墨书题记的真实数量，鉴于墨书题记极易消失的特性，墨书题记的实际数值应该更多些。在 1962 年《清理报告》（见附录）的原始资料中，记录有"上曲阳李文新□石"题铭一例，注明文字镌刻后再行上墨，这当是一个特例。在传统制作刻石时，为保证镌刻质量，先书后刻者不乏其例，但镌刻后再上墨没有实际意义。

第四章　书法艺术

　　定州北庄子汉墓保存有黄肠石题铭 718 种，总计文字约 4300 个，使用汉单字 173 个，丰富的文字资料为探讨东汉早期民间书法艺术及书法嬗变，提供了十分珍贵的实物资料。

1. 八分神韵

　　隶书是汉代的通行书体，在这一大前提之下，北庄子汉墓黄肠石题铭在整体上表现出相当程度的"成熟"风味，诸如字形扁阔，横平竖直，斜向笔画的"伸展"表现得极其充分等等。惟因数量众多，又成于众人之手，所以具体风格非常多样：首先是笔画粗短且劲直者，如 W1（图版七二）、W21（图版五六五）、W25（图版一九〇）、W47（图版一一五）、W52（图版五七八）、W55（图版五一六）、W62（图版五二六）、W66（图版六五）、W71（图版五八）、W80（图版二三八）、W98（图版五三二）、W167（图版五九一）；其次笔画圆瘦而飘逸者，如 W9（图版四七八）、W19（图版五八〇）、W24（图版一五〇）、W49（图版六三六）、W56（图版三三九）、W64（图版四四〇）、W89（图版五八七）；再次为应规入矩而精美温雅者，如 W5（图版二三七）、W38（图版六三三）、W45（图版六五三）、W128（图版五二二）、W121（图版六四二）、W154（图版一〇八）；再次为平正安详者，如 W166（图版三二）、W32（图版三七）为"北平石卫安作"或"北平卫安石"，前者圆转可爱，后者稍嫌劲直，而俱能归于平正。此外，W28（图版六六八）、W30（图版一三九）、W31（图版九四）、W53（图版六八〇）、W101（图版四三五）、W173（图版四五八）等，亦方整端俨，如对尊者。

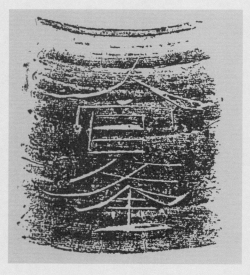

图一四　"大官釜"陶文拓本

作为成熟汉隶的最显著标志，刻铭中的“雁尾”有时被有意强化。其显著者，包括W15（图版三四六）之“郿段文石”之“段文”、W17（图版八七）“北平石安险工杨伯作”之“险”、W36（图版二〇五）“北平工梁国单父”之“父”、W42（图版一〇六）“北平石马伯成北新城巧”之“成”、W59（图版六五一）“鲁国文阳石工于鱼□望都石”之“文”，W110（图版二〇三）“北平祝鱼己氏”之“氏”。这种处理方式，特别是W15之“段文”，与同一墓葬出土陶釜上的“大官釜”刻铭的捺脚（图一四），几乎完全一样。但耐人寻味的是，拥有这一特征的笔画都是斜向伸展的捺笔，横画则无一如此。这是它与东汉碑刻及简牍隶书的最显著差别。

2. 古隶孑遗

在约1米见方的石头上刻划，毕竟不同于在简牍、缣帛上直接挥洒，所以那些线条流畅，书写感突出的碑刻，向来惹人注目。北庄子汉墓黄肠石题铭中，W48（图版二五一）“北平石鲁孔都”首字“北”，下部左右纷披，斜伸向左下、右下方，显得极其飘逸。其他字如“石”与“鲁”，“丿”表现得非常生动；剩下的“孔都”，或圆转可爱，或横斜廓落，都有很强的简牍气息。又如W51（图版三九〇）“望都石郑伯”之“石”，横画和撇画都极细极长，与W106（图版三三三）“望都邓伯”、W111（图版二〇二）“北平梁国朱伯石己氏”一样，表达出任刀为笔的酣畅淋漓之意；W126（图版二五七）“北平石鲁史仲作”，前三字与W48非常相似。

与W48之圆畅稍异，W70（图版一五）存“北平石”3字，狭长凝重，颇存古隶之风；W148（图版一九四）“北平石工梁国权孺”，字距紧密，笔画平直，但流泻潇洒，特别是“权”字；W63（图版六一八）“望都鲁国卞工孙伯作”稍直，恭谨书写之意盎然，与W77（图版四一七）“望都曲逆李次孙石尺二寸”、W147（图版二八）“北平尺五寸”尺寸以外部分颇为肖似。而“尺二寸”“尺五寸”，则具有明显的简牍意味。

必须指出的是，残存“篆”法，也是古隶作风尚有遗留的表现之一。W108（图版四八）“北平石工卫文作”，“工”之竖画多作中曲状；W134（图版三九七）“望都石卢奴杨伯宁”中“奴”字之“又”，圆笔与直画浑融无间；W4（图版五三六）“望都石章于通作”中，“通”的“辶”旁转折圆通，力抵千钧，皆是此类。

3. 刀笔意味

由于内容少，目的又是考察工匠业绩，所以北庄子汉墓黄肠石题铭的很多作品尽管具有浓郁的“八分”意味，总体上却不像大多数东汉碑刻那样精细，而是以刀代笔，饶有趣味。例如，W30（图版一三九）“东平许叔北平石”可归入成熟一路，近W31（图版九四）等，但劲直方廓，刀意鲜明却显然过之；W133（图版四七五）“富城”笔画舒展，而不尚圆曲，流露出强烈的刀笔意味。

又如W155（图版四三四）“望都石曲逆木工王季陵”、W50（图版五九〇）“望都石鲁工井孙作”、W57（图版三八七）“望都工张叔华作”、W58（图版三四八）“望都段须石”、W60（图版五〇八）“望都东平寿张王圣作”、W70（图版一五）“北平石”、W72（图版一六二）“北平石无盐邓过”、W77（图版四一七）“望都曲逆李次孙石尺二寸”、W99（图版一九八）“北平石梁国谷孰丁圣”、W113（图版一九一）“北平石梁郡邓阳”、W135（图版一六九）“北平石毋盐邓过”，具体风格虽然互有不同，在运刀如笔方面，却是一致的。

值得注意的是，某些作品的字尚可观，而刻工不佳，如 W20（图版三六六）"望都庆王石"、W22（图版一三四）"北平石东平许叔作"、W93（图版一三五）"北平石东平许叔"、W29（图版四一八）"望都曲逆李次孙石"、W33（图版一〇二）"北平石北新城工付伯明作"；还有一些，则字、刻工均不佳，如 W26（图版四九一）"望都富城魏长兄作"、W35（图版二一三）"北平下邑邓阳"、W57（图版三八七）"望都工张叔华作"。

4. 摩崖气度

虽然经过整治，北庄子汉墓黄肠石表面的精细程度仍然远不及碑刻，石工在这种载体上径自奏刀，难免会形成强烈的"摩崖"特征，即在斑驳中展现方整、平正，饱满、劲直的艺术特质。具体分析，这种特征主要表现为两种类型：一种粗放，多直画，显然是径直奏刀，大力向前所致。W40（图版四一九）"曲逆梁统'作'"、W53（图版六八〇）"上曲阳苦陉工石"、W104（图版三五六）"望都盖孟石"均是，其特征是笔画伸展幅度不大，但"笔力"强悍，意态饱满。另一种则偏于精整，笔意多圆曲，刻划较精细，但因结字方整而有岳驻山峙之势力，W6（图版一九九）、W99（图版一九八）中的"丁圣"，W2（图版四二）、W7（图版四三）"北平石工卫山作"，皆是此例。

兼带二者意味者，则有 W73（图版六〇二）"望都石鲁工薛季作"、W44（图版四七）"北平石工卫文作"、W108（图版四八）"北平石工卫文作"、W134（图版三九七）"望都石卢奴杨伯宁"等。

5. 草法流露

W109（图版519）"望都东平寿张朱河作"之"河"、W103（图版五四七）"望都梁郡"、W117（图版五五三）"望都梁郡郑丹"，"都""郡"的"邑"旁、"都""梁"的斜笔，均圆曲鼓荡，有强烈的书写意味。这种书写性，不同于古体遗意，而是一种新的追求，新的风貌。张怀瓘《书断》卷上"章草"条称其"存字之梗概，损隶之规矩，纵任奔逸，赴俗急就，因草创之义，谓之'草书'，惟君长告令臣下则可"。又说：

至建初中，杜度善草，见称于章帝。上贵其迹，诏使草书上事。

据《后汉书》卷四二《光武十王传》，刘焉卒于和帝永元二年（90年）。按照惯例，帝王陵墓要在生前"预修"，则刘焉修陵之举当与建初（76～84年）大体同时。如此一来，这种圆曲鼓荡笔致的"偶然"流露，实与东汉初年定型的章草存有某种内在关联。

6. 反左书

W23（图版407）"望都石曲逆工高巨作"通幅左右颠倒，W8（图版四七七）、W17（图版八七）、W34（图版二六七）等有个别字颠倒。这种情形，与晋唐人所谓"反左书"非常相似。

南朝梁庾元威《论书》云："反左书者，大同中东宫学士孔敬通所创，余见而达之；於是座上酬答，诸君无有识者，遂呼为众中清闲法。"大同（535～546年）为梁武帝萧衍（464～549年）统治后期年号，但丹阳梁文帝萧顺之陵墓神道东侧石柱"太祖文皇帝之神道"，南京萧景墓神道西侧石柱"梁故侍中中抚将军开府仪同三司吴平忠侯萧公之神道"，均呈反左之形。按，萧顺之是梁武帝之父，天监元年（502）四月，萧衍称帝，追尊文皇帝，庙号太祖；萧景（477～523年）是萧衍的堂弟，卒于大同以前，所以庾元威所言时间显然有问题。鉴于汉砖瓦文字有很多左右颠倒的，如"大吉利宜子孙"，再加上这几个刻铭，足以证明秦汉民间工匠已有此做法。庾元威所记，应该是南朝中期时，因为精英逐渐介入，"反左书"遂成为上层士人消遣适怀的手段之一的体现。换句话说，南朝陵墓神道石柱上的"反左书"，其实和北庄汉墓刻石铭文中的同类作品一样，是工匠所为，并非什么"谜"。

又，唐段成式《酉阳杂俎》卷十一《广知》所记"百体中"亦有"反左书"，说明得益于精英的"消闲"需求，"反左书"至少延续到了晚唐。

第五章　抢救保护

自从 1959 年定州北庄子汉墓黄肠石面世至今，已经整整 60 周年。六十年来，特别是保护回廊竣工之前的二十年，各级政府和文物部门围绕这批刻铭黄肠石的历史、科学、艺术价值，从不认识到认识，从认识到重视，再到建成回廊予以保护展示，最终成为今天的定州市汉墓石刻馆。回顾半个多世纪的坎坷历程，总结历史的经验教训，凸显出我国文物保护事业工作者坚韧顽强的意志。

1. 考古发掘

由于生产建设需要，定州北庄子汉墓经历过三次被动的考古发掘和清理工作。

第一次考古发掘是配合国家铁路建设。1959 年 3～9 月，在国家实施京汉铁路定县、望都段的改线工程中，因取土需要，对北庄子汉墓进行了考古发掘。河北省文化局文物工作队于 1962 年在《定县北庄子汉墓清理工作报告》（以下简称《清理报告》）中说，为此，文物部门和建设单位签订了合同，"允许取北庄子这座大墓封土，取土至地平面或有其他发现时，由我队配合清理"。当时的考古发掘工作由河北省文化局文物工作队承担。

依据《清理报告》，1959 年发现刻铭（含墨书）黄肠石 156 方，全部来自于墓葬黄肠石题凑顶部 360 余方三层平铺黄肠石中。在所列黄肠石题铭名单中，见有墨书者 6 方，其他 150 方为刻铭黄肠石。现在看来，这一数字是否准确难以确定，因为，在《发掘报告》公布的 170 种题铭名单中，只有 2 例既有墨书，又有刻铭的黄肠石。值得注意的是，所见墨书题记无一例外地见于上曲阳石，说明在望都、北平、上曲阳三个石材加工场地，只有上曲阳流行使用墨书题记，而在望都、北平则不见。可以认为，这次发掘共获得刻铭黄肠石 150 方，有墨书题记的黄肠石 6 方（图一五）。

这次发掘工作做得并不彻底，除基本弄清了墓葬的基本结构，在水中捞取出随葬品外，考古信息和资料损失惨重。《清理报告》说："由于墓室系用大块石料砌成，石料笨重难移，而且墓内积水很深，更重要的是该墓已几次被盗已空，因而对该墓未成清理彻底。实际最后只在水泥中捡了一些文物"。《发掘报告》的注释则说，"因为墓壁及石墙均未清理到底，估计还有一部分有铭刻的石块尚未出土"。因此，应该还有很多黄肠石，包括刻铭黄肠石还留存于黄肠石题凑石墙中。

从《清理报告》中可知，1959 年考古发掘结束后，发掘所得黄肠石，包括刻铭黄肠石只是随意堆放在墓葬旁边，没有采取任何保护措施，没有提出任何保护意见，只是"将带有刻字的石块 156 方放置妥当，进行了拓印计有 156 张"。可以想象，在没有任何保护措施的情况下，该墓出土的黄肠石自然成为当地村民建

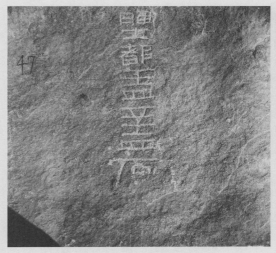
1.W104,望都盖孟石

2.W154,北平石北新城王文伯作

3.W2,北平石工卫山作

4.W67,望都石鲁工于仲荆作

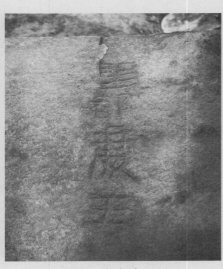
5.W74,望都庆王石

6.黄肠题凑顶层黄肠石出土状况

图一五　1959年刻铭黄肠石出土状况

房垒圈,修桥补路的石材,毁坏散失在所难免。

1961年,定县人民政府决定大兴水利建设,需要大量石材,而北庄子汉墓有许多石材可以利用,于是向省文化主管部门提交请示,要使用北庄子汉墓的石料。省文化局接到请示后,责成省文物工作队前往调查了解,并提出处理意见。河北省文物工作队于同年12月1日以《文物队字第83号》提出处理意见,并呈报省文化局,之后一直未见省局的指示。直到1962年秋季,省文物工作队发现,墓葬旁边堆放的刻铭黄肠石及石料已经不见踪影,并向定县文教局致函询问此事,还委派专人两次催促,一直没有得到任何音信。

定县人民政府兴修水利工程,在未获上级文化主管部门批准的情况下,大规模挖掘、拉运北庄子汉墓十分珍贵的黄肠石,修建水闸等水利设施,是严重的违法违规行为。墓葬附近村民随意将黄肠石用于修桥补路,同样也是违法违规行为。对此,省文化主管部门、文物工作队都负有不可推卸的责任。

第二次发掘清理工作是配合定县水利建设工程,工作重点就是拣选刻铭黄肠石。《清理报告》中说,"直到1962年12月,县方大搞水利用该墓石料时,我们又进行了一次检选,至此发掘工作全部结束"。意思是说,从上次发掘到这次清理结束,该墓的发掘工作才全部完成,这次清理是上次发掘工作的续篇。

这次清理工作,共拣选出具有刻铭或墨书的黄肠石28方,其中墨书题记3方,石刻25方,《清理报告》里附有名单,名单后注有"石刻存定县博物馆"。这可能是定县博物馆收藏的第一批刻铭黄肠石。在《清理报告》的草稿中,保留有这样一段文字,即1959年"清理出刻铭石料154方,连同本年入冬以来发现的已经为我们所检选的 28 方石料，总计为 182 方"。这是 1962 年清理拣选后所提供的数字。

令人疑惑的是，在 1962 年《清理报告》资料中，还存有一份《1962 年 12 月定县北庄子汉墓出土刻石文字记录》，实际是黄肠石题铭（含墨书）登记表。该表登记题铭 47 种，其中题铭 42 种，墨书 5 种。值得注意的是，表格最后登记有：刻石"在曲定公路赵村水闸者" 6 方，在"西甘德水闸"者 6 方。看来，这次的清理拣选工作区域，不止限于墓葬，而且在周围进行了调查登记。这样，刻铭黄肠石的数量又比《清理报告》公布的数量多出 12 种，合计 194 种。

然而，《发掘报告》则公布，"在这些石块中，发现有铭刻或墨书题字的共有 174 块，但大多数见于顶部的第一层石块上"。在注释中明确了所公布数字是两次发掘清理之综合，即"此种有铭刻的石块 174 块，为不完全的统计数字。除发掘时清理出的以外，1962 年又掘出一批，已补入此数字中，并均印有拓片"。也就是说，《发掘报告》整理者只认定了其中的 174 方，况且有 4 组重复，实有刻铭黄肠石 170 方。

为什么出现这种情况，是因为两次发掘调查者不为一人，还是由于《发掘报告》刊于 1964 年，有些刻石又遗失了，还是没有将墨书题记者计算在内，实际情况不得而知。

第三次发掘还是配合定州铁路货场建设。1991 年 5 ～ 12 月，原河北省文物研究所会同保定市和定州市文物部门组成考古队，对定州市新建铁路货场进行了考古勘探和发掘，因为北庄子汉墓位于建设占地范围内，得到社会和文物部门的高度关注。通过考古勘探，在占地范围内共发现古墓葬 120 座和比较大的商周遗址一处。考古发掘时间紧，任务繁重，最终重点发掘古墓葬 80 座，遗址 550 平方米。发掘的 80 座墓中，有商代墓葬 42 座，东汉墓葬 12 座（包含北庄子汉墓），北朝墓 21 座，宋、金、元代墓葬 5 座。

这次考古发掘的重大收获是北庄子商代贵族墓地的发现，墓葬内出土的大批精美青铜器、玉器、石器、陶器在河北省乃至我国北方地区均属首次发现。墓葬出土的一部分青铜爵、鼎、觚、戈上铸有相同的徽号和铭文，被认为是商代晚期北方的一个重要方国，为研究商王朝北面方国文化内涵及其与商王朝的密切关系提供了极其重要的实物资料。这一考古发掘项目被评为我国 1991 年度十大重要考古发现之一。

北庄子汉墓的清理也是这次发掘工作的重点，不仅因为是这次配合基建的原因，还常听老同志们讲，1959 年的发掘因在没膝盖的水中进行，应该还有很多随葬品没有被捞取上来。该项目取土工程浩大，费工费力，发掘的主要收获是得到一幅完整的墓室平面图。另外，只发现少量玉衣饰件，而黄肠石所见无几，仅从随葬品本身而言，1959 年的考古发掘及随葬品清理工作还是做的不错的。

2. 题铭拓印

刻铭黄肠石拓本拓印是研究、保护及资料保存工作的必要手段，定州北庄子汉墓刻石的拓本制作，贯穿于发掘和保护的整个过程之中。总体看来，刻石的拓印工作主要进行过三次。

第一次拓印是 1959 年考古发掘过程中，考古队在发掘现场进行的，《清理报告》提供的数量为 164 种。相比之下，这批拓本拓制工艺最为精良，可能是河北省文化局文物工作队冀克武现场拓制的（图一六）。另外，这批刻石少有断裂，也没有遭到剜洗，是现存拓本中最为真实，及其珍贵的资料。

第二次拓印是 1962 年清理拣选刻铭黄肠石时所制作，拓印数量较少，约有 20 多种。这次拓印的工艺技术较差，题铭漫漶不清，在《发掘报告》所公布 155 号之后的拓本，当为这次拓印的作品，从图片观感上可一目了然。

第三次拓印是 1964 年之后，整体拓片工作则是在 1979 年下半年至 1980 年上半年完成。1964 年，在河

图一六　1959 年发掘现场拓印刻铭黄肠石拓本

北省委工作组的督导下，定县文物部门将用于水利工程和桥梁的建筑全部拆除，拣选出刻铭黄肠石运至定县博物馆保存。这批刻石数量庞大，前期号称 820 余方，后期又改称 634 方。在 634 方刻石中，选择保存较好 488 方砌入保护回廊墙壁保护展示，较差的 146 方埋入地下封存。

　　刻铭黄肠石集中保管之后，定县博物馆就提出拓本拓印问题。因为拓印技术人员缺乏，拓本数量巨大，工作任务繁重，专业经费短缺，定州博物馆不得不向上级求援。早在 1964 年 11 月 9 日，定县地志博物馆（定县博物馆前身）在《关于北庄子汉墓出土带铭石刻的保护问题向省局请示》中，就提出了对收集的刻石（820 方）进行整体拓印。之后的 1968 年、1971 年、1973 年，又先后多次向上级主管部门申请，要求上级主管部门支持开展拓印工作。由于种种原因，在近十年的时限内，整体拓印工作还是没有落到实处。

　　1974 年，省文化局批准了定县博物馆在文物保护单位"靖王坟"建设北庄子汉墓石刻保护回廊，将刻铭黄肠石镶嵌于回廊墙壁的保护方案。当时，省文化局文物管理干部李晓东曾多次询问拓印工作事宜。1975 年，定县博物馆基本完成了该项目的主体建设工程。大概在同一年，上级也拨付专款支持拓本拓印工程。

　　但是，由于保护回廊建设还没有完全竣工，直到 1978 年才完成了整个保护工程的扫尾工作，这时，拓本拓印工程才真正提到议事日程。1978 年 9 月 6 日，定县博物馆向定县革委、文教局、计委呈送《关于要求使用亦工亦农人员完成石质文物的拓片工作的请示》，文件如下：

　　县革委、文教局、计委：

　　　　我县集存的北庄子汉墓出土的八百余块带铭石刻及各种有保护价值的历代碑刻，墓志、经幢等，共计千余块，对此，省文化局及国家文物局于七五年前后两次拨专款 3500 多元，要求将以上石刻铭文搞好拓片，并要求每块上报拓片七份（县存的另拓）。由于"四人帮"的直接干扰破坏，这项工作始终未能进行。粉碎"四人帮"以后，此项工作应按领导要求尽快完成，因而馆内已做好了备料。

但由于任务大，要求领导批准使用我馆前培养的亦工亦农的业余拓片技术人员。因此项工作系一种专业技术，不易短时既能掌握，要求调用人员三人，有王村公社，北王村大队社员陈增福，牛村公社，全家庄大队社员孙占军、孙述平。要求完成的数量，即：北庄子带铭石刻每块九份共六千余份，石碑等石质文物每块三份共九百余份。

以上共需完成的数量总计约 7000 余份。根据季节，是时间短，任务大。根据具体情况，此三人抽来后，也必须加班进行，以保证完成，工作完成后仍回队参加劳动。

根据此三人过去学习的技术情况，其工资待遇稍有差别，陈增福每天日工资为 1.8 元，孙占军及孙述平日工资为 1.5 元。回队后可按规定向队交款记工。除此之外无任何其他补助。

以上请示希领导研究批示。

定县博物馆

1978 年 9 月 6 日

实际上，这次整体拓印工作是 1979 年下半年开始实施的，也就是说，上墙的石刻应该是在回廊墙上拓制的。1979 年 10 月 22 日，李晓东给刘殿庚的信件，转述了刘来成提出拓印刻铭黄肠石的注意事项。便函内容如下：

听来成同志说，你们正在拓北庄汉墓石刻，他在返回时去那里看了一下，因未看到你，希望我写信给你。他在现场看了看拓片，有几个问题需注意，尽快解决。一是拓片时施墨太浓，结果许多都透过去，把墨印在石头上，这样一是拓片不太清晰，二是把石头弄黑，将来很难刷洗干净，因此很不雅观。二是拓片不留白边，这样拓时边上的墨也捶到石头上，同样拓出的拓片不如留白边的好，又把石头捶黑了，不如留白边，捶不黑石头。三是拓片时捶下边边时，用墨太多，因此石头上留下一道道墨痕，对石刻保护和参观都不好。总的希望是留边，淡墨（不印过去，拓清为原则）好，不要损坏石刻（不要影响观瞻）。以上请你们研究，注意纠正。

晓 东

1979 年 10 月 22 日

在省文化局的支持指导之，定县博物馆于 1980 年上半年完成了整体拓印工作。为此，定县博物馆于 1980 年 2 月 4 日向省文化局提交《关于北庄子汉墓出土带铭石刻拓片情况报告》，称刻铭黄肠石共 634 方，上墙者 512（实为 488 方）方，未上墙者 120（实为 164 方）方。1979 年后半年开始拓印上墙的刻石，共计完成 272 方，馆内过去已拓印 90 方，总计完成 362 方，尚未拓的有 150 方，计划 1980 年六月份以前完成。大概在 1980～1983 年间，定县博物馆给省文管处《关于继续作好"石刻馆"内几项工程的请示》中，虽然未再涉及拓印问题，但明确了北庄子汉墓刻石的确切数字，即刻铭黄肠石共计 634 方，其中上墙者 488 方，未上墙者 146 方。至此，存于石刻馆的刻石拓本整体拓印工作圆满完成。

这次研究整理所使用的定州博物馆所藏拓本，很可能就是这次整体拓印之其中的一套。这套拓片较为完整，计有 618 个拓片编号，经反复观察核对，其中缺号（遗漏序号）6 个，与其他题铭重复销号的 73 个，实际可供研究使用的题铭拓片 539 种。整理过程中发现 5 方刻石没有拓本，补拓 5 种，总计 544 种。

3. 保护展示

定州北庄子汉墓刻铭黄肠石的保护是新中国文物保护进程中的典范事例，始终贯穿着文物保护意识的转变和提高，文物保护措施的改进和升华，真实地记录并展示出我国文物保护坎坷的实践路程。

1959 年配合国家铁路建设的考古发掘，有以下几个方面值得反思。一是虽然该发掘项目有既利于国家基本建设，又利于文物保护，即"两重两利"国家文物保护政策的影子，但是，发掘工作显示出考古发掘和文物保护是弱势的，是被动的。二是文物主管部门和考古发掘单位的文物保护意识还处于初级阶段，竟能同意建设单位随意挖掘墓葬封土，直到至地表或出现重要遗迹时，考古队再介入发掘工作。三是考古队发现刻铭黄肠石后，没有认识到它珍贵的历史、科学和艺术价值，没有采取任何保护措施，用他们自己的话说，在墓葬旁边"放置妥当"，即完成任务。四是地方政府文物保护意识淡泊，不知其文化价值，违法违规，没有履行地方政府保护文物的职责。最终，这批珍贵的刻石能够较为完整的保存下来，的确是一件天大的好事，当地政府和文物部门功不可没。但是，在保护问题上也走了不少弯路，犯了很多错误，留下了刻骨铭心、难以挽回的遗憾。

1959 年发掘发现的刻石随意放在墓旁，无人看管，遂成为当地政府、集体和个人随便使用的建筑材料。这些石材可以用来修桥建闸，建房垒圈，为民生所用。于是，时至 1962 年秋季，墓旁堆放的黄肠石全部丢失，同时，未挖掘出来的黄肠石也被私自挖取不少。1961 年，正直定县大兴水利建设之年，县政府请示省文物主管部门利用这批石料，始终没有得到相关批示。1962 年进行的清理拣选工作，实际是定县政府和文物部门对北庄子汉墓黄肠石放弃保护，"废物利用"的表态，最终酿成河北省文物保护工作进程中的不良事件。

据老同志回忆，大概在该墓黄肠石被洗劫一空之后的 1963 年前后，河北省文化局文物工作队的李方岚致信中共中央，提出采取必要措施，对这批珍贵文物进行保护的请求。当时中央领导康生得知此事后，要求河北省委给予高度重视，作好这批珍贵刻石的保护工作。河北省委接到指示后，迅速成立了专门工作组，展开了调查、收集工作。由于领导重视，工作进展的非常顺利，至 1964 年底，就将所有能搜集到的刻石拉运定县博物馆收藏。当时，河北省文化局文物干部李晓东为工作组成员，文物工作队部分同志参加了调查收集工作（图一七）。为此，定县人民政府曾作出过深刻检查。

刻铭黄肠石散乱堆放在露天广场，风吹日晒，风化剥蚀，还难免遭受人为破坏。为此，定县博物馆于 1964 年 11 月 9 日向河北省文化局再次提交了《关于北庄子汉墓出土带铭石刻的保护问题向省局请示》，全文如下：

河北省文化局：

　　在我县收集存放的北庄子汉墓出土的带铭石刻，虽说数量较大，但其中不同文字内容的也相当多，在现有 820 多块石刻当中就有 200 多种不同文字。对此石刻的保护，本馆曾几次文字汇报请示，为了使此一批重要石刻不致受到损失和损坏，今提出以下提议请研究：

　　一、利用我县现有的残破古建（大道观、东关东岳庙）的物料改建文物库房，其库房式样一是较大的房子将石刻砌在壁上，室内将其同样文字的石刻排列起来。二是建成长廊，将石刻砌在墙上，分上下两层。

1.定州市西南佐村石桥旁散落的黄肠石　　2.定州市西南佐村路南小桥所用黄肠石　　3.定州市甘德村六队扎花厂南石桥使用的黄肠石

4.定州市甘德村南石桥旁散落的刻铭黄肠石　　5.定州市安会同所见刻铭黄肠石　　6.定州市安会同所见黄肠石

图一七　定州北庄子汉墓黄肠石散落情况

二、建库地点即在馆前面的长条形广场内。

三、如不用残破古建即可建成其它形式。

四、除砌在墙上的，其他不太完整的或刻字不完全的，可在大道观原址盖一棚子，作为集存的地点。

五、具体执行可由省局抽人负责。

六、将所有石刻上的铭文都拓好，以免今后不易搬动。以上提议请研究批复，以作好该石刻的保护管理。

从该文件可知，其一，对这批珍贵刻石的保护问题，此前曾经请示过上级主管部门。其二，提出利用拆除破旧古建筑的物料修建库房或长廊。其三，建筑地点在博物馆（文庙）前广场（当时石刻存放地）。其四，提出拓片拓印问题。

值得注意的是，此请示附有《拉运北庄子汉墓出土带铭石刻说明》，反映出当时收集刻铭黄肠石一些真实情况。该说明原文如下：

该石刻现已作为小桥、水闸等使用。领（导）让都将带字的运回，集中保管。今省已批准拉运，计划由一个生产大队（西湖生产大队又系□区）负责拉运，按照运输社之规定进行，即装卸每吨6.4元，拉运按吨公里计算，在运输以前都将所运之石进行查看、编号、写明尺寸，计算出重量、公里数，算出装卸及拉运，最后填表上报。存放地点计划放在博物馆南边，月牙桥两侧。

1964 年 11 月 9 日

可见，石刻已流散诸如小桥、水闸等多个地点，拉运回来后暂存放到博物馆前的广场，即文庙畔池周围。

几天之后的 11 月 17 日：定县人民委员会教育科向河北省文化局提交《关于拆除我县辛店村水闸，挑选带铭石刻向省局请示》全文如下：

河北省文化局：

我县辛店村水闸的修建原料，都系北庄子汉墓出土之石块，共有 800 余块。因此闸修建较早，估计带有铭文之石约在半数以上，目前因其他原因决定全部拆除，时间在今年 12 月份。为将所有带铭文石刻全部挑出及集中存放，计划在拆除当中暂由今年的运费中开支一部挑选补助费，以作好选择及保护工作，暂计划每选出一块集中起来出补助费三至五角，总计约 300 余元。在拆除及挑选当中并请派人指导，请速批复。

1964 年 11 月 17 日

从该报告看来，辛店村水闸即是定县人民政府请示修建的水闸，其工程较大，用料较多，估计仅黄肠石就有 800 余方，其中刻铭黄肠石约占半数以上。报告中所谓存放的 820 方刻铭黄肠石的数字是估计数目，因为，此时分散各地的刻石还没有拉运回来，甚至最大的辛店村水闸还没有拆解，并不知到底有多少方刻铭黄肠石。

档案中没有见到 1965 和 1966 年间有关刻铭黄肠石的相关文件，1967 年则保存博物馆向省文化局的两个请示，即 8 月 20 日《关于作好北庄子汉墓出土带铭石刻保护问题向省局请示》和 12 月 25 日《关于作好北庄子汉墓出土带铭石刻保护问题再次向省局请示》，就拓本拓印、陈列保管、开发建设等问题提出了较为完整的意见。其中，拆除利用残破古建筑物料，违背文物保护原则的意见仍然没有改变。

1968 年，"文革"之风越刮越大。是年 3 月 2 日，定县博物馆向河北省文化局提交《关于作好北庄子汉墓出土带铭石刻保护问题再次向省局请示》，基本坚持原意，但此件有点吓人，没有规矩，同时抄报了中央文革和河北文物工作队，加盖的则是定县地志博物馆和定县文化、博物、图书馆革命委员会公章。

这一年，省文化局文物工作队也被集中到石家庄，参加省直文艺界毛泽东思想学习班。是年 12 月 18 日，省文物工作队以"省直文艺界毛泽东思想学习班八连三班"的名义，致便函定县博物馆，对这批石刻的保护问题作了简要答复。信函内容如下：

定县博物馆：

来信已收到，所报发掘费条已收到，今已将款项由银行汇至定县中心行，希查问，收到后请来信告知。

关于盖库房存放北庄子汉墓石工铭刻，是否能先来信谈谈情况，及计划修什么样子的，款约多少。因为我们都在石家庄学习，业务工作基本停止，这里工宣队领导一切，所以对有些事须重新了解。如暂时一年内不盖，对文物影响如何。

敬祝毛主席万寿无疆！万寿无疆！

省直文艺界毛泽东思想学习班八连三班（原省文物工作队）

1968 年 12 月 18 日

现在看来，这是一件很有趣的事情。那个时代，公用信纸上方先印最高指示，再印敬祝毛主席万寿无疆成了惯例。写信署名之前也是敬祝毛主席万寿无疆。定县博物馆接到此信函后，于 12 月 22 日向河北文物工作队提交了《关于北庄子汉墓出土带铭石刻保护问题向河北文物工作队请示》，重复了他们的意见。落款仍然是定县三馆革命委员会和地志博物馆。

1969 年，"文革"之风仍然盛行，定县三馆革命委员会可以直接向国务院提交请示报告，大有借助中央领导向地方施压的"造反"态势。是年 7 月 15 日：定县三馆革命委员会发出《关于我县北庄子汉墓出土带铭石刻的保护问题向国务院的请示报告》，内容如下：

此石刻是 1959 年在我县北庄子一座大汉墓中出土，至今已有十年之久，由于地下多年的埋藏，出土后又未能得到妥善保管，至今已发生石面文字的风化脱落，已有数十块的字迹脱落，如再继续下去，即会造成更大的损坏。

该一大批墓石共有三千多块，由于未能很好保管，留做过其他使用，1965 年康老查询指示后，才做了长时间的收集，最后只集中了 820 余块，其中不同文字内容的 240 多块，现尚在露天堆放。

此石刻在 1965 年 11 月份，康老在北京高干招待所看了河北出土文物陈列后，亲自当场指示，让将此石刻集中保存好，认为此石刻很重要，是民间艺术，是真正的汉代隶书，是历史文字发展的一个转折点。

将此石刻集中后，近年来我馆曾多次文字向省有关单位请示报告，提议将石刻砌到几座古建内，以利保护管理处，我们认为此带铭石刻的保管，不但对研究我国文字的发展史有很大价值，并且也是一部封建统治阶级压迫、剥削劳动人民的罪证，是对广大人民进行阶级教育很好的实物教材，为避免全部石刻铭文风化脱落的损坏，造成不可挽回的损失，特请示

定县三馆革委会

1969 年 7 月 15 日

抄报：河北省革委会、保定地革委会、县革委会

请示中两次提到的康老即康生。康生指示河北省委保护这批珍贵文物当是实情，但 1965 年 11 月是否看过河北出土文物陈列则难以考证。此件还抄报给河北省革委会、保定地革委会和定县革委会。

1971 年，也许是由于领导班子人事变动，也许是十多年执着争取保护未果而灰心，定县三馆革委会改变了以前十多年间拆除破旧古建筑，修建长廊的保护展示的思路，提出了只是对刻石进行拓印并搬运至大道观院内上垛封存的意见。是年 8 月 17 日，定县三馆革委会向河北省文化局提交《关于北庄子汉墓出土带铭石刻的拓片及石刻搬运上垛开支问题的报告》：

河北省文教局：

　　原北庄子汉墓出土的带铭石刻共集中保存了820多块。其中有不同内容文字的200多种，如每种拓印15份，共计3500多份，每张纸只能拓印三条（熟宣纸），共需纸1400张。

　　拓印后，为了妥善保管存放，将馆内存放的都集中到原大道观院内，并垛好，以利保存。

　　拓片工，计划每天6人，这样可结合翻垛及拓印，完成以上工作计需开支2200元，今附开支预算一份上报，请尽快批复，以便施工。

定县三馆革委会

1971年8月17日

　　时隔两年后的1973年，定州北庄子汉墓刻铭黄肠石的保护思路又回到老路，定县博物馆否定了1971年堆垛保存的想法，也摒弃了拆除古建筑的思路，提出在文物保护单位"靖王坟"周边建设保护展示回廊的意见，并融入日后建"碑林"的概念。这是定县博物馆在文物保护理念上的巨大提升，这批石刻保护终于步入正确轨道。是年12月12日，定县革命委员会政治处文教组向保定地区文化局提交《关于北庄子汉墓出土带铭石刻保护问题的请示》，文件如下：

保定地区文化局：

　　在我县集存的北庄子汉墓出土的带铭石刻，是一九五九年河北省文物工作队发掘出土的，当时由于管理不当，曾被生产队修桥、闸使用一部，后经上级提出批评，并让妥为保管，省、县抽出专人监督，拆下运回博物馆院内存放。此石刻出土至今已14年之久，目前在院内堆放。经过长期的自然侵蚀，对石刻的字迹有很大的破坏损失。为妥善将此石刻保护下来，特提出以下意见请研究批示。

　　一、现在已集中保管的带铭石刻，共计820多块，对石刻铭文需进行拓印，如每块拓印15份，需要宣纸5000余张，按每15张用墨一瓶，计820瓶。每拓印15份用工一个，计用工820个。另外还需有工人将石头翻个，倒运，拓片工具的添置。经过拓印，可完整的保存一份拓片资料。

　　二、我们计划，按此石刻的形状（大多数是一米见方30公分厚），在我县"靖王坟"的周围砌成长廊式展墙进行保护，既可做陈列，又能防止自然的风雨侵蚀。廊子的用料，由于木材缺乏，计划用水泥做柱子，檩条，椽子，顶部按瓦。这样既节省木料，又坚固。既有利于石刻的保护，又能及时作好管理，为今后建立"碑林"互相结合起来。

　　并附预算。

　　以上意见当否，请批示。

1973年12月12日

　　1974年，定州北庄子汉墓刻铭黄肠石的保护工作真正纳入国家和省文物主管部门领导的视野。这一年，省文化局批准了定县博物馆提出的保护回廊建设地点和保护方案，国家拨付了首批建设资金，定县革命委员会批准了建设项目。是年7月28日，定县博物馆致信李晓东，报送了建设保护回廊的示意图并说明了地点、式样，又提出了"石刻馆"的概念。信件如下：

李晓东同志:

　　前去信,可能收到。今将保护石刻的建筑形式及范围绘制了一个示意图寄去,请审阅。

　　建筑地点的范围是南北长 86 米,东西宽 80 米,总共长 332 米。我们初步考虑在南面建一门口,门两侧建几间看管人员等使用的房子,对于门口及房子是否也与廊子建成统一形式的,都要瓦顶"元宝脊",这样外形与内容也相一致,请考虑。

　　对于石刻,计划每块之间都留出一定距离,虽然砌在墙面上,但从整个安排与建筑的大小也相调和(如图),这样对今后发现新的,有保护价值的石质文物时,也可安排存放,总之打下今后基础,逐步发展成为一个"石刻馆"或"碑林"。即便何时对外开放,也不会再有大的变更,能符合今后发展的需要。

　　是否妥当,请研究。

定县博物馆

1974 年 7 月 28 日

7 月 29 日,李晓东给刘殿更并转陈馆长的信,定下保护地点。信函如下:

殿庚同志、并转陈馆长:

　　来信收到了。

　　关于北庄汉墓石刻保护地点已经定下来,同意在"靖王坟"建回廊保护。前信所谈的几个问题,请早日做好寄来。占用的地方及今后保护问题,由县负责解决。

　　原计划最近去趟定县,最近因工作安排较紧,得往后推迟了。工作请你们抓紧,有什么事再联系。拓片工作进展如何?

1974 年 7 月 29 日

8 月 1 日,河北省革命委员会文化局下达(74)冀革文物字第 27 号《关于 1974 年第二批文物建筑维修项目和经费的通知》文件,批准在"靖王坟"建设古建式保护回廊,并拨款 2 万元。9 月 12 日,李晓东复信定县博物馆,言罗哲文、陈滋德处长同意这一方案,希望今年能够竣工。信函如下:

殿庚同志,陈馆长:

　　你们好!石刻拓片和建回廊工程进展如何?

　　你们寄给局里建回廊的图纸,我向局领导作了汇报,已同意你们和赵辉、董增凯等同志交谈的意见和现在的形式。这两天又向陈滋德处长和罗哲文同志谈了谈,并请他们看了草图,他们没说什么意见。因此,请你们把工程抓紧,今年能够竣工。

李晓东

9 月 12 日

同年同日,定县革命委员会批复同意,在"靖王坟"建设保护回廊。批示文件如下:

(74)定革批字第 83 号

定县文教局:

你单位报来关于我县对历代石刻保护问题的汇报请示收悉。并于 1974 年 9 月 10 日经主任办公会议研究同意在"靖王坟"建，上级拨多少款就建多少。

　　此复

1974 年 9 月 12 日

　　此后，定县博物馆积极运作，解决"靖王坟"占地问题，筹备回廊建设，于 1975 年初开工建设。1975 年 6 月 5 日，定县革委会文教局向保定地区文化局提交《关于修建保护带铭石刻回廊追加开支预算问题的请示报告》，汇报了这一工程的进展情况，言三月份开工，五月中旬上墙石刻 200 多块，并开始镶砌第二层石刻，需要追加预算 16000 元。1975 年 9 月 12 日，河北省革命委员会文化局下达（75）冀革文字第 66 号《关于下达 1975 年古建筑第二批维修项目和经费的通知》文件，给予北庄子汉墓石刻保护项目补助 13000 元。是年，保护回廊建设主体工程基本竣工。

　　1976 年春，国家文物局彭则放副局长、陈滋德处长考察了保护回廊建设现场，对于这批石刻的保护及展示工程和措施表示满意。建设期间，省文化局多次督促指导，希望把该项工作做好。

　　1978 年 2 月 28 日，保定地区革命委员会文化局至定县文化局信函，询问定县北庄子汉墓石刻保护回廊建设情况，督促将相关情况尽快向省文化局汇报。

　　1978 年 3 月 16 日：（069）定县革委会文教局向保定地区文化局提交《关于北庄子汉墓出土石刻保护的施工情况及今后施工意见的请示报告》，较系统全面地提出保护回廊建设扫尾工程，建设内回廊，将剩余 148 方刻铭黄肠石上墙保护展示，发掘靖王坟，建设石刻馆，对外开放的建议。文件如下：

保定地革委文化局：

　　我县北庄子汉墓出土石刻的保护施工，于 1974 年下半年经河北省文化局批准后，由我县博物馆积极进行施工筹备，至 1975 年 5 月份，收回了地基，批购了物料，于 11 月份基本上初步完成了石刻保护外回廊的施工。施工质量基本合乎要求，自施工造成中途停工后，至现在，经过地震及二次大风雨的过程，已建好的外回廊，尚未发现毛病。但由于近几年"四人帮"操纵和指挥的王、贾一伙的干扰破坏，造成了石刻保护施工的中途停工。因此第一阶段尚需继续施工完成的有：回廊地面的铺砖（碎半头），整个回廊外墙皮的水泥勾缝，抹外墙下面的水泥裙子（高一米），已上墙的石刻不完整的，用渣灰泥抹补，回廊各部构件的修整，回廊柱子之间的栏板，以及大门两侧的房子，均需均需完成。更主要的是未上墙的一部分石刻，148 块（不包括王庄子汉墓出土的带铭石刻）。

　　1976 年春，国家文物局彭副局长及陈滋德处长，在文化局的同志的陪同下，亲身到石刻保护施工现场察看，当场指示对未保护的石刻继续作好保护问题的具体指示，当时因受"四人帮"的直接干扰和破坏，才造成了中途停工，因而对领导亲自在现场的指示至今未能落实。

　　在华主席抓纲治国战略决策指引下，五届人大精神的鼓舞下，各条战线出现了新的跃进局面，文物工作也正随着大好形势的发展，出现了新的跃进。为此我们对北庄子（包括王庄子）汉墓出土石刻的继续保护问题，提出如下保护施工意见的请示报告。

　　根据国家文物局彭副局长、陈滋德处长的具体指示意见，我们计划，除完成第一阶段施工扫尾的几项工程外，还将尚未保护的石刻，在古墓四周封土以外建起回廊，将石刻砌在墙上，廊子的宽度较外回廊稍宽些，比外回廊也稍高一点（从外观要相称），顶子仍要灰筒瓦，元宝脊，所有构件均用钢筋水泥代替木料。廊子各面长度为38米，总长共152米，在正南面留一大门，由此可通往古墓封土上部。正门与此门之间，计划用碎石砌成宽4米，长28米甬道一条。

为了今后石刻回廊的管理及今后展览、对外开放的需要，原大门两侧的房子需要建起来（地基已砌好），对院内缺树多的地方，计划补栽一些柏树，以达到对环境的绿化。

石刻保护回廊建成后，以此作为全县石质文物保护的一个集中基地，可把我县在两次全县文物普查中所发现的，有保护价值的以及馆内集存的，历代的石碑、石雕像、墓志、经幢等石质文物，均集中到此院保存、陈列，逐步形成一个历代石刻集中保护管理的"碑林"或叫"石刻馆"，这不但对保护文物有利，同时从保护措施及保护形式方面，也为今后对外开放，集中参观创造了很好的有利条件。

对院内的古墓，我们在1974年作了详细的钻探，地下为六个砖室，属于一个中小型墓室，前室及两耳室已塌顶，后室西侧有盗洞，传说叫"靖王墓"，但满城汉墓出土后，已证明此墓不是"靖王墓"。我们计划将此墓作了清理，并将已塌顶的墓进行复原维修（已备有同样规格的墓砖）。在此石刻回廊开放的同时，此墓的地宫，可作为文物保护宣传，结合开放。此墓基本完整，复原工程不大，同时墓室位置大部分在地面以上，又可利用封土堆搞绿化、美化环境。

以上请示当否，请研究批示。

定县革委会文教局
1978年3月16日

1978年上半年，定州北庄子汉墓刻铭黄肠石保护回廊扫尾工程全面竣工，而新提出建设内回廊的方案没有得到落实。至此，这批珍贵文物的保护工程告一段落，结果是488方刻石上墙保护，因内回廊没有建设，剩余的146方刻石埋入地下保存。之后，"靖王坟"也得到保护、发掘、展示、开放。这一系列的保护工程，为定州市汉墓石刻馆的诞生奠定了基础。在这里，我们非常钦佩定州市博物馆对这批刻铭黄肠石保护展示所付出的心血和为文物保护事业一往无前的进取精神。

4. 定州汉墓石刻馆

北庄子汉墓刻铭黄肠石镶嵌在保护回廊墙壁后，这里统称为定县或定州石刻馆。2006年，定州市将原石刻馆定名为定州市汉墓石刻馆。定州市汉墓石刻馆位于定州市鼓楼街北侧，四周为居民区和商业区，周边为历史文化街区，北临大道观街，西临商业北街，南为中山路（图一八）。

定州市汉墓石刻馆占地东西宽80米，南北长86米，计6880平方米，院内有三处文物保护单位，即中山汉墓、定州碑刻群和北庄子汉墓石刻（图一九）。

中山汉墓：编号M35俗称"靖王坟"，位于石刻馆院中心，石刻馆所占土地为该保护单位的用地。该大型砖室墓位于院落中心，墓封土高6.5米，为配合北庄子汉墓刻铭黄肠石的展示，于1995年进行抢救性发掘，经保护加固，在封土南侧建展室及墓室出入口对外开放。

定州碑刻群：1993年公布的河北省重点文物保护单位。定州历年收集的碑刻大部分保存于汉墓石刻馆

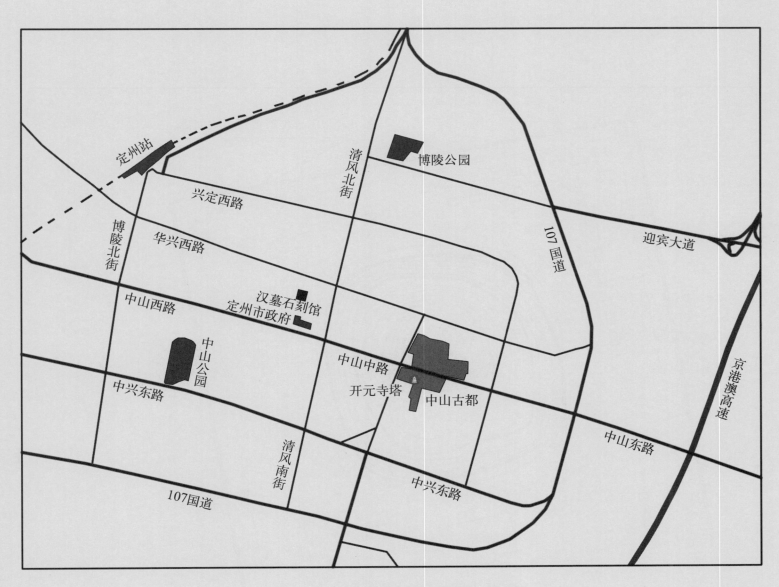

图一八　定州市汉墓石刻馆位置图

院内，现展示的有百余通。重要的碑刻有北齐彭城寺碑、大唐定州刺史段公祈岳降雨之颂经幢、宋韩魏公祠堂绘画记、定州守韩公重修众春园碑记和乾隆皇帝咏雪浪石碑刻等。

　　北庄子汉墓石刻：1982 年公布的河北省重点文物保护单位。1975 年于占地四周建设古建式保护回廊，将 488 方刻铭黄肠石镶嵌于回廊墙体上，以达到保护展示之目的。保护回廊建筑于占地范围南北长 86 米，东西宽 80 米，回廊总共长 332 米。回廊仿古建式，建筑构件由钢筋水泥制作，廊顶为瓦顶元宝脊，其设计方案由省文物工作队古建专家指导，并得到国家文物局著名古建专家罗哲文和处长陈滋德的认可。回廊墙壁内侧嵌入刻铭黄肠石上下两排，刻石之间都留出适当距离，美观协调，是汉墓石刻馆精华所在（图二〇）。

　　保护碑廊建成后，得到了上级领导和同行的认可和赞许。在石刻馆资料中，留有当时在石家庄市毗卢寺工作的陈耀林一封信，他说：

　　参观了靖王坟的石刻廊，觉得设计巧妙，省工省料，样式美观，坚固实用。回来后经与同志们商量，

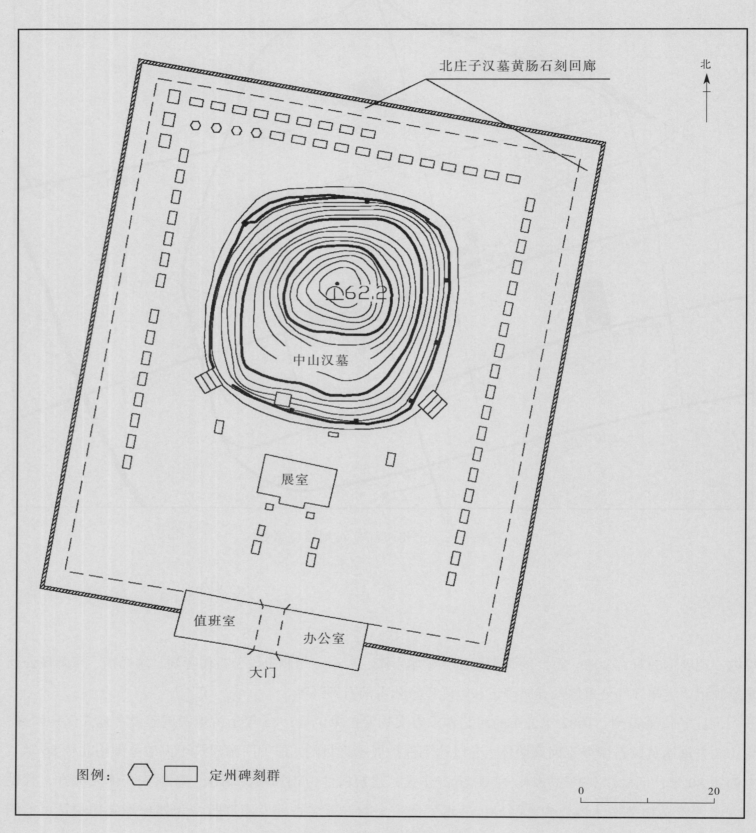

北庄子汉墓黄肠石刻回廊

北

中山汉墓

⌖62.2

展室

值班室　　办公室

大门

图例：⬡ ▭ 定州碑刻群

0　　　　　　20

图一九　定州市汉墓石刻馆布局图

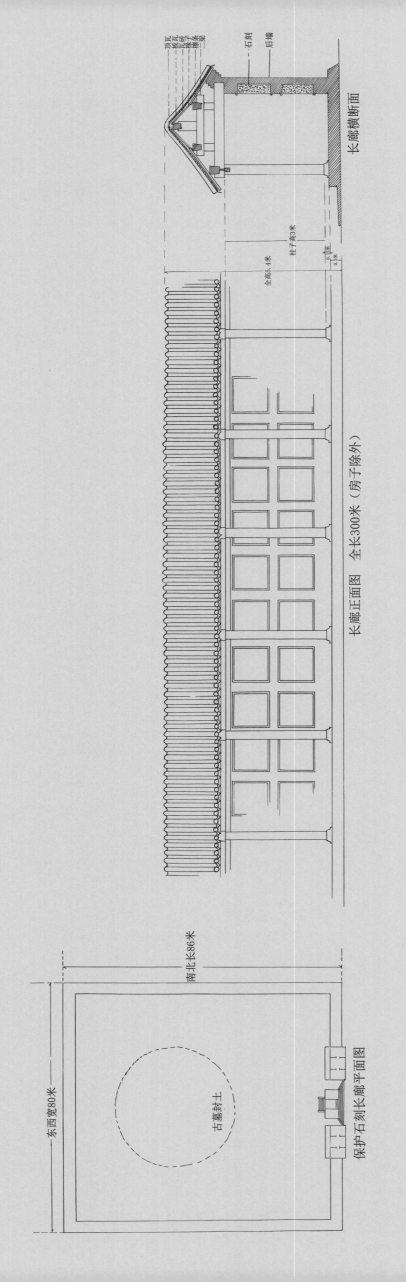

图二〇 定州市汉墓石刻馆保护回廊平面、正面、横断面设计图

打算在毗卢寺仿照你们的式样盖一石刻廊，想参照一下你们的施工图纸，请你能在百忙之中给我们以帮助，把柱、椽、门等较详细的资料寄我们一份，我们当非常感谢。

此事说明，该保护碑廊的设计和建设是很受欢迎的。

最初，刻铭黄肠石上墙时曾有编号，现已消失无存。为配合这次黄肠石题铭整理，使刻石与题铭拓本相对应，定州市汉墓石刻馆又从新进行了编号，定制了号牌，刻铭黄肠石的编号、顺序及布局参见图二一。

参考文献

河北省文化局文物工作队：《河北定县北庄汉墓发掘报告》，《考古学报》1964 年第 2 期。

河北省文化局文物工作队：《定县北庄汉墓出土文物简报》，《文物》1964 年第 12 期。

河北省文化局文物工作队：《定县北庄子汉墓清理工作报告》（内部资料），1962 年 12 月 30 日。

定州市博物馆：《石刻馆方面的请示、报告等材料》（内部资料），（1964 ~ 1983 年）。

李晓东：《定县北庄汉墓石刻初探》，《文物保护理论与方法》，故宫出版社，2012 年。

马孟龙：《定县北庄汉墓墓石题铭相关问题研究》，《考古》2012 年第 10 期。

何慕：《河北定县北庄汉墓题铭的整理》，《河北北方学院学报（社会科学版）》2015 年第 31 卷第 4 期。

定州市旅游文物局编著：《中山王汉墓出土黄肠石题刻精拓百品》，文物出版社，2018 年。

山东省济宁市文物局编：《汉任城王墓刻石精选》，山东美术出版社，1998 年。

胡广跃编著：《任城王汉墓出土黄肠石题刻全集》，三秦出版社，2017 年。

赵振华著：《洛阳东汉墓黄肠石题铭研究》，国家图书馆出版社，2008 年。

《汉书·地理志》卷二十八上、卷二十八下，中华书局，1997 年影印本。

《后汉书》卷四十二，《中山简王焉》；《后汉书》志第二十，郡国二，《中山》，中华书局，1997 年影印本。

《中国古今地名大词典》，上海辞书出版社，2005 年 7 月第一版。

附　录

定县北庄子汉墓清理工作报告

定县城关附近两汉以来的墓葬分布较为稠密，如王庄子、南关、西甘德等地，而以北庄子西面一座为最大。该墓紧邻铁路西侧，占地面积约 6400 平方米，封土高出地面约 20 米，远望若一岗峦。❶

1959 年春季，铁路部门为了取土筑沟河坝，双方订立合同，允许取北庄子这座大幕封土，取土至地平面或有其它发现时，由我队配合清理。

同年 3 月开始发掘，因人员调动以及工作复杂劳力等问题，断断续续至 9 月初才结束，前后共用约 6 个月的时间。发掘过程中，由于墓室系用大块石料砌成，石料笨重难移，而且墓内积水很深，更重要的是该墓已几次被盗以空，因而对该墓未成清理彻底。实际最后只在水泥中捡了一些文物。将带有刻字的石块 156 方放置妥当，进行了拓印计有 156 张。

兹把发掘工作的主要情况及存在问题报告如下：

一、墓室结构：此墓是一座砖石结构的大型墓葬，构造坚固，墓室坐北朝南，方向 196 度，全墓由墓道、东耳室、甬道、椁室（前室、走廊）、主室等几部分组成，全长 74.75 米，宽 16.35 米。椁室呈方形，前面从斜坡形墓道可直达墓门，墓门前以封门砖封闭，进入墓门后即为甬道，在甬道中后部以长方石块封砌，甬道通长 9.4 米，宽 2 米，通过甬道即为椁室。椁室是有方形石料砌筑的，长宽 13.8 米，在椁室中央即为主室，其面积略小，长 15.25、宽 8.8 米。椁室和主室之间的左右和后面间隙形成走廊，前面面积较大构成前室，走廊和前室间连接，顶部起券，主室顶部为穹隆式，顶上以黄土夯平，再上用方形石块 9 层铺砌，石层以上即为封土。

二、遗物情况：此墓曾经几次盗掘，墓室内部破坏严重，盗墓者是从墓顶封土北面打开一见方约 2 米的盗洞，进入墓室内，现在所获遗物系被盗后残留之一部分，而且多是出自盗洞附近的填土中。对于该墓早年出土的文物今散存于群众手中者也作了搜集。由于墓内积水较深，很多遗物系自水中捞出，很难找出其详细的分布情况。其大体情况是：涂朱陶冥器多出自墓道东侧耳室中，各种穿孔的长方形、三角形玉饰片、铁铸的刀、剑、镜，骨锥、铜五铢钱、匕首、铎铃、玉璧等多出自盗洞之下。另外在主室和东椁室中除出土大批玉、石饰片以外，还出土了很多的铜器，如鎏金铜鸟、铜卧兽、弩机、盖弓冒、铺首、灯碗、兽头各种铁器、漆片等物。总计出土文物 3995 件（包括小石片在内）计：

---

❶ 《定县北庄子汉墓清理工作报告》系河北省文化局文物工作队 1962 年 12 月 30 日向上级呈报的文件，落款盖有河北省文化局文物工作队公章，初稿由郑绍宗先生起草。

陶器：190 件，有涂朱的陶壶、案（长方、圆形两种）、盘、瓢、鼎、勺、锛、井、涂朱彩绘的陶屋、甑、釜、奁（长方、圆形）、耳杯（大、中、小）、碗等。

铜器：129 件，包括装饰小件，计有弩机、大铜镜、铺首衔环、镂云纹鎏金刀形饰（仅仗用）、鎏金山形饰、鎏金卧兽、双刺戟、矛、环刀、铎铃、铜环、鎏金鸟形饰、鎏金筒状器、车軎、铜圈、漏斗形器座、灯碗、柿蒂镦、斗等物。

货币：153 枚，都是五铢钱。

金银器：2 件，系小型饰物。

玉器：56 件，主要有玉石枕、带钩、镂孔蟠螭纹玉璧、珠纹璧、小玉猪、玉蝉、玉鼻塞、眼盖、舌形玉饰片、圭形饰、弧形饰、扇形饰、环形饰等。

石器：主要是有 3438 块各种三角形、弧形、方形穿孔石片以及石龟残片等物。

骨蚌器：5 件，有匕、锥、笄、蚌饰等物。

三、墓内所发现的刻铭石料情况：此墓除主室、甬道、墓道东耳室用不同规格的青砖砌筑以外，椁室部分全部用方形石料砌成，石料长宽 97 公分左右不等，厚在 27 公分左右，每方体重 800 市斤。计不完全统计，椁壁和封顶所用石料达 2600 余方。在一部分石料之正面或两侧刻有不同铭款，仅主室顶部的 360 余方的封石中即清理出 154 方（详见表），未拆完的石壁尚不清楚。铭款多采用汉隶形式，仿小篆者占少数。除了刻款以外，也有很少一部分是采用墨书的。铭款内容常见有"北平石北新城工祝□作"等（详见拓片）。

四、发掘工作中的收获及存在问题：

（一）这座墓室的结构和一般常见的大型汉墓是不相同的，它不是一般地只建筑了大的砖筑墓室，而是在砖室以外又加筑了一层石筑的椁室，而椁室的形式却是模仿一般西汉时期流行的木椁墓的样子，外轮为方形。前室和回廊实起木椁边框的作用。在砖筑的主室之内，可能还有木棺。这种石椁椁内为砖室的结构形式，在过去发掘中却不多见。

（二）室内的遗物是经过历次盗掘的，在取土过程中工人即从当中得到不少珍贵玉枕、玉璧等物多件，可想原墓内殉葬品相当丰富。石枕、玉璧、鎏金器皿在过去发掘的汉墓中也是少见的，数以千计的小玉石片，分方形、三角、长方等形状，上面边角处均有小孔，是为连缀一起而设的，历史记载汉代的封建贵族死后有作"玉裳"的习俗，在这里也得到了证实。

（三）砌筑椁室用的刻铭石料值得注意，这些刻铭内容大体记载了石料的来源地，工匠的籍贯，对说明汉代这一地区建置的变动和此墓的相对年代上有着重要意义。

按定县，汉属中山国，《前汉书·地理志》："中山国县十四：卢奴、北平、北新城、唐、深泽、苦陉、安国、曲逆、望都、新市、新处、母极、陆城、安险"。其中卢奴、北平、北新城、苦陉、安国、曲逆、望都、新市、母极、安险等十县均见于石刻题名中，可见当时的石料主要取自"中山国"的属县范围，而石工的来源则不只于"中山国"，如：东平国属县的无盐、富成；广平国属县的巨周（曲周）；梁国（山阳郡）属县的单父；常山郡属县的上曲阳等。

从上面情况说明，为了修筑这座宏伟的墓葬，曾经动员了计不完全统计的当时汉属四个国—中山、东平、广平、梁国，一郡常山，共十五个县的石工（至于修建砖室用工尚未计算），为修筑这座豪华的墓葬，人力耗费之巨可想而知。所以推测若非当时中山国较高的封建统治者，想要动员这样的人力是困难的。

（四）关于此墓年代方面的一些推断：此墓东椁室中出土了尚未使用过的铜铸弩机一件，制造规正，系当时官铸，机身侧面阴刻三十五字，已释出有"建武卅一年二月虎贲官治铜□□机百一十枚季都□部□□□□主司史□□□□□"（其中尚有几字未释出）。按建武系后汉光武帝之年号，"卅一年"为公元56年，可断为此墓时代之上限不超过此时。另在石刻题铭中之前汉属国县名，到了后汉章帝时期曾有了很大的变动，《后汉书．地理志》："安喜本安险章帝更名……汉昌本苦陉章帝更名……蒲阴本曲逆章帝更名……"，而石刻中的中山国县名仍延用章帝更名以前的旧名称，如安险、苦陉、曲逆即是，因而可知此墓之下限似乎不会晚于章帝时期。从建武31年（公元后56年）到章帝末年（公元后88年），中间只经过33年的时间，此墓则有可能属于这一时期。

（五）关于刻字石块的处理问题：

这座大墓的清理相当困难，因为石料块过大，从深深的墓穴吊起出非常困难，而且墓穴中积水过膝，故此该墓并未完全将石料拆出，将已挖出的石料进行一次检查，把带有铭刻的挑出了156块，并进行了拓印。又于61年该县请示利用该墓石块，根据省局指示，我队前往调查了解，并于同年12月1日以《文物队字第83号》提出处理意见报局，但以后未见指示如何办理。于今年秋季发现该墓旁堆存的石料一块没有，始向定县文教局函询此事，并专人崔了两次，尚未函告。以上仅将发掘情况报上，请审查。

附：石料登记表、主要拓片各一份。

1962 年 12 月 30 日

后　记

我对定州的历史文化感情深厚，不只是参加了 1991 年定州市北庄子新建铁路货场的考古发掘，也不完全是对苏轼雪浪石的钟爱，而是通过文物保护工作，结交了不少知心朋友。多年来，闲暇之余，总是愿意到定州观赏雪浪石、翻阅图书典籍，欣赏古塔名碑，访朋会友话真情。

有一次到定州博物馆参观，了解到馆内收藏着一套完整的北庄子汉墓刻铭黄肠石拓本，多达 600 余幅，听后令我惊讶不已。我即兴提出，能否借我和河北省文物考古研究院、定州市博物馆的同仁们一起将这批珍贵资料整理出版。时任博物馆馆长郝进庄先生表示支持，当即应允，我便办理了借阅手续，将拓本带回石家庄。之后，又借阅河北省文物考古研究院藏北庄子汉墓刻铭黄肠石拓本及其相关资料，还访得野风美术中学并得到校长冯建法先生的惠允，将其所藏刻铭黄肠石拓印。于是，开始了漫长的资料收集和整理工作。其间，请文物出版社李莉和好友卫海涛将所有拓本扫描成图。

时至 2018 年下半年，我和河北省文物考古研究院王法岗、定州市汉墓石刻馆赵龙、河北师范大学赵生泉一起进入角色，开始了《定州北庄子汉墓黄肠石题铭》的研究、整理和编辑工作。我们打算在定州北庄子汉墓刻铭黄肠石发现 60 周年之际出版，以示纪念。因受新冠肺炎疫情影响，出版计划向后拖延了一年。

整理编辑工作自始至终受到定州市委、省政府主要领导的鼓励和重视，得到定州市文化、广电和旅游局局长乔义峰、书记张大为、副局长曹祖旺先生、河北省文物考古研究院院长张文瑞，研究资料室主任胡金华先生的全力支持。为还原历史，还多次请教当年亲历和知情者李晓东、刘来成和郑绍宗先生，他们无私地提供了许多珍贵的记忆资料。在资料整理过程中，李俊卿先生给予了很大帮助。白世军、孙树平参加了整理工作。刻铭黄肠石原石照片由河北师范大学全广拍摄，出土文物照片由河北省文物考古研究院研究资料室和河北博物院图书资料室、保管部一提供，书名由定州市文物保管所赵文国先生题写。文物出版社为本书的出版付出了巨大的努力和心血。

在此，我们致以深情地谢意！

另外，特别感谢中央文史研究馆馆员、中国书法家协会主席苏士澍先生为此书题签。

谢　飞

2020 年 11 月 20 日

图版

图版目录

北平石

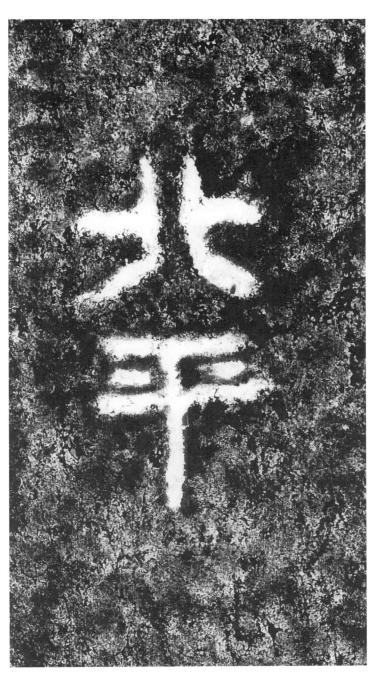

一·B12-北平

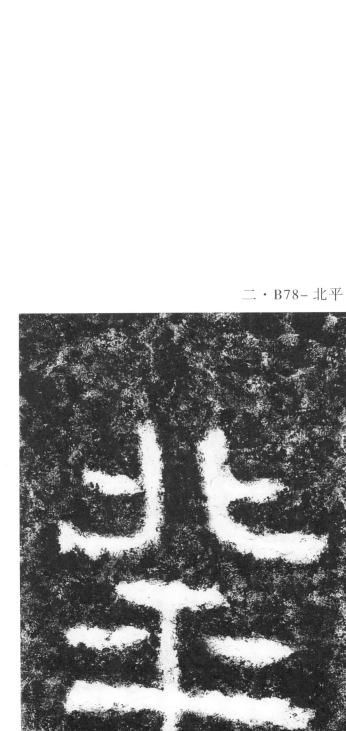

二·B78-北平

三·B111- 北平

B111- 原石 196

定州北庄子汉墓黄肠石题铭

102

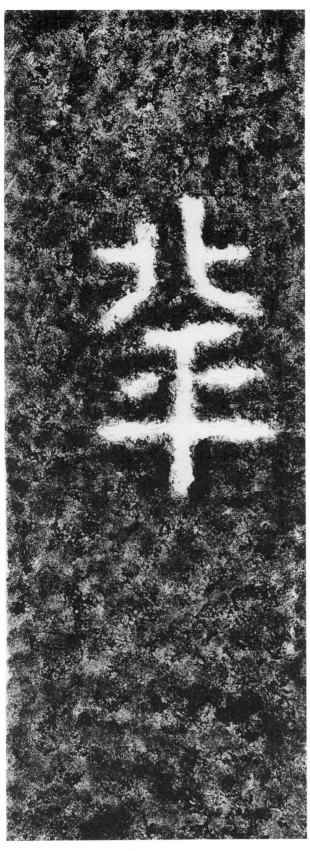

四 · B148- 北平

B148- 原石 482

五·B150-北平

六·B491-北平

七・B492-北平

八・B493-北平

九·B523-北平

一〇·B538-北平

一一·B546-北平

一二·B558- 北平

B558- 原石 412

一三・B563－北平

B563－原石 413

一四・B530- 平石

一五・W70- 北平石

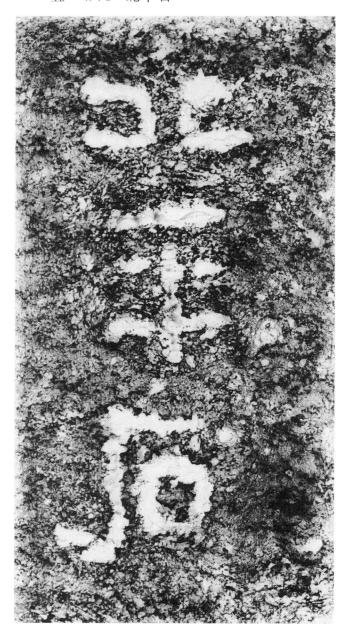

一六·B6-北平石

B6- 原石 485

一七·B7- 北平石

B7- 原石 248

一八・B11−北平石

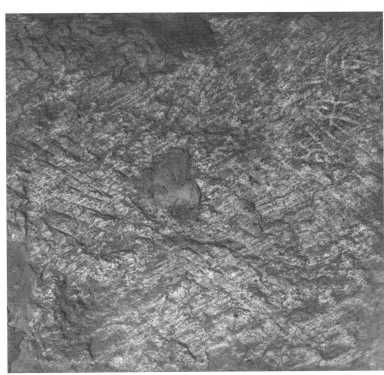

B11− 原石 246

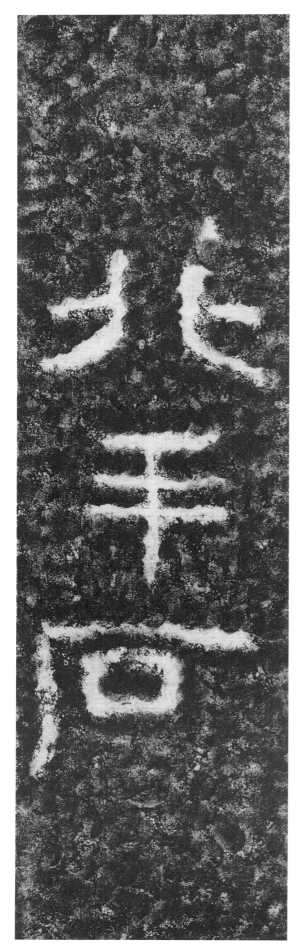

一九·B17- 北平石

B17- 原石 243

二〇・B42-北平石

B42-原石 467

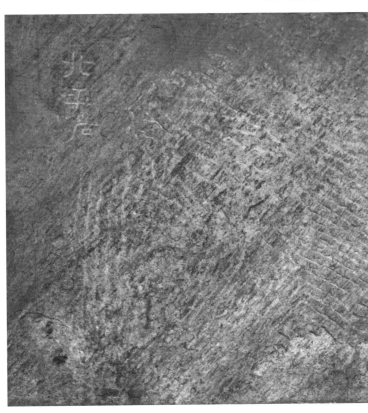

115

二一·B47- 北平石

B47- 原石 228

二二·B62- 北平石

二三・B75- 北平石

B75- 原石 214

二四・B501–北平石

二五・B529–北平石

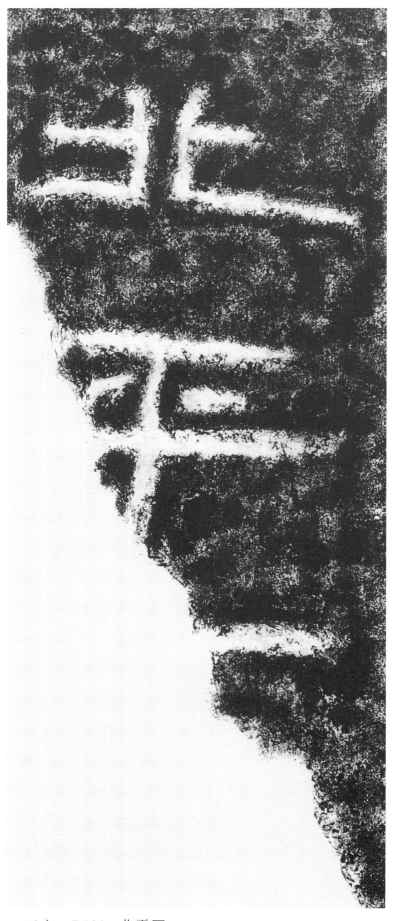

二六 · B509- 北平□

二七 · B48- 北平□□

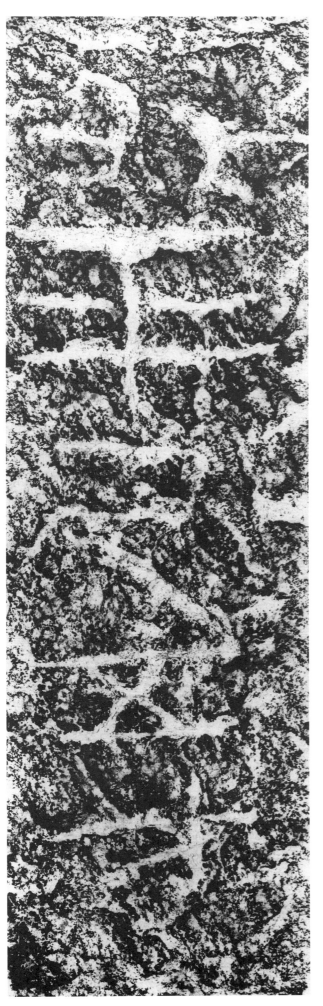

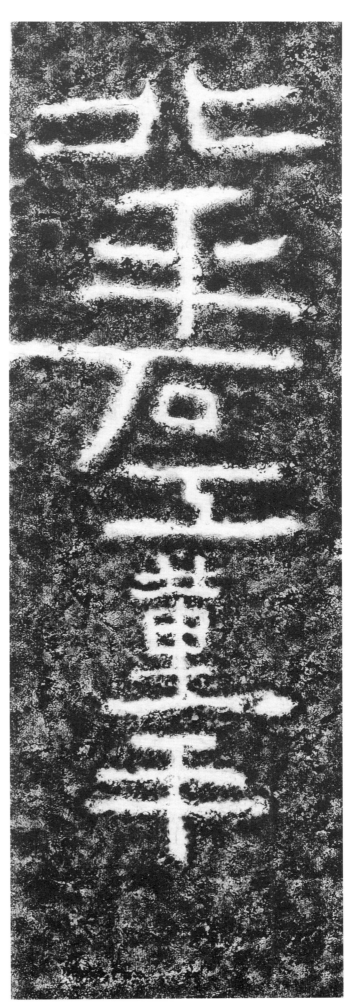

二八·W147- 北平尺五寸　　　　二九·B505- 北平石工董平

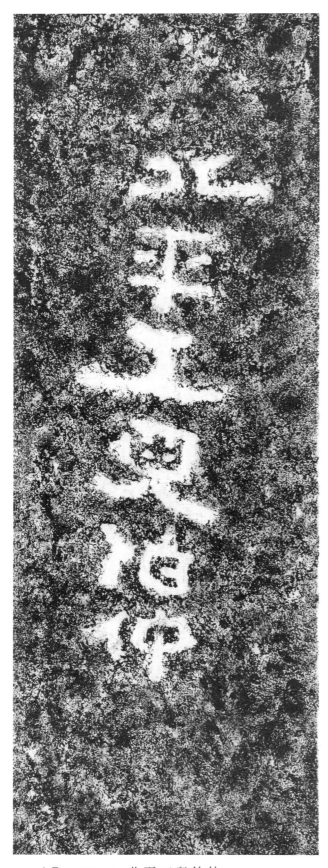

三〇·B108- 北平工兒伯仲

B108- 原石 434

三一·W149- 北平工兒□石

W149- 原石 207

三二・W166-北平石卫安作

三三・B34- 北平石卫安作

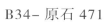

B34- 原石 471

三四·B124- 北平石卫安作　　　　　B124- 原石 426

三五·B69- 北平石卫安

B69- 原石 217

三六・B117- 北平石卫安

三七·W32- 北平卫安石

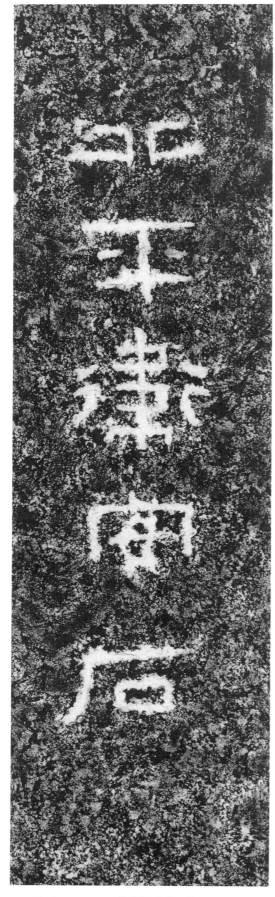

三八·B10– 北平卫安石

B10– 原石 483

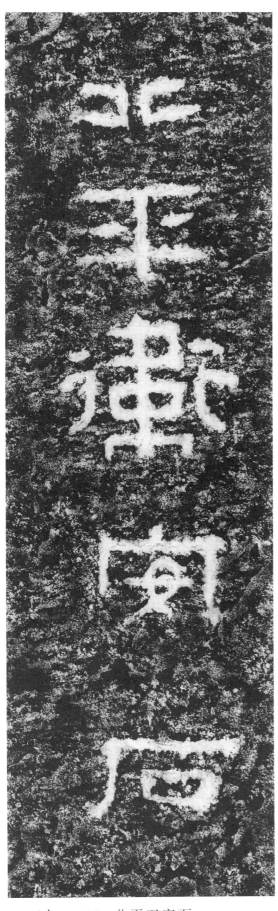

三九·B82- 北平卫安石

B82- 原石 447

四〇·B73- 平石卫安

B73- 原石 215

四一·B556- 石卫安作

四二·W2- 北平石工卫山作

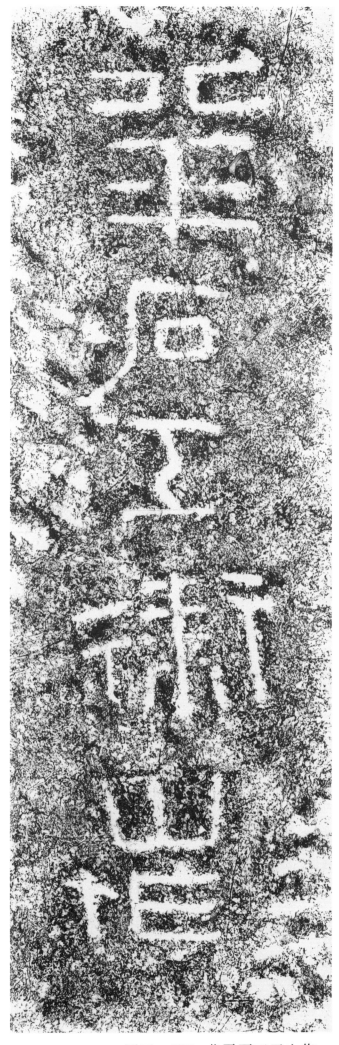

四三·W7- 北平石工卫山作

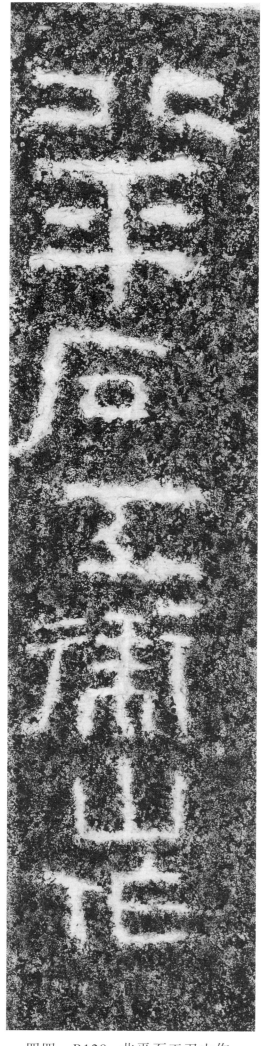

四四·B128-北平石工卫山作

B128-原石 424

四五·B129- 北平石工卫山作

B129- 原石 187

四六·B142- 北平石工卫山作

B142- 原石 417

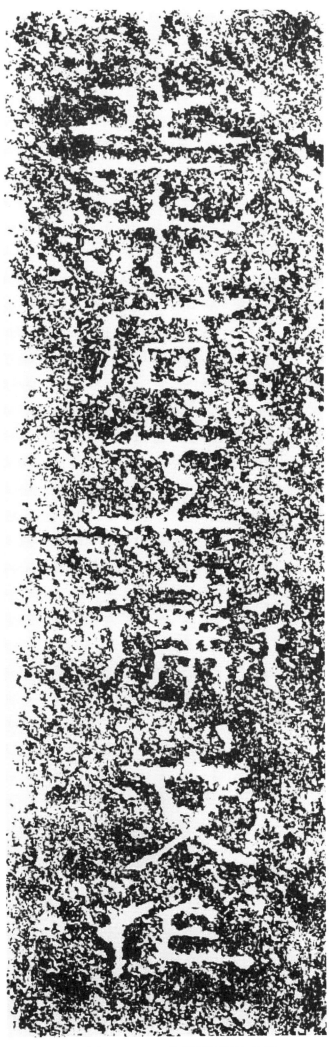

四七·W44–北平石工卫文作

四八·W108－北平石工卫文作

W108－原石 448

四九・B40- 北平石工卫文作

B40- 原石 468

五○·B110- 北平石工卫文作

B110- 原石 433

五一·B155- 北平石工卫叔荣作

B155- 原石 174

五二·B144-北平石卫叔荣作

B144-原石416

五三·W13-北平卫叔荣　　　　　　　　五四·B583-北平石卫

五五・B1- 北平石武建

B1- 原石 251

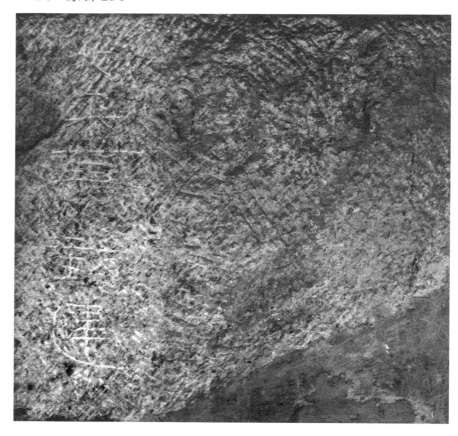

五六・W150-北平□武建

五七·B20- 北平石武健

B20- 原石 478

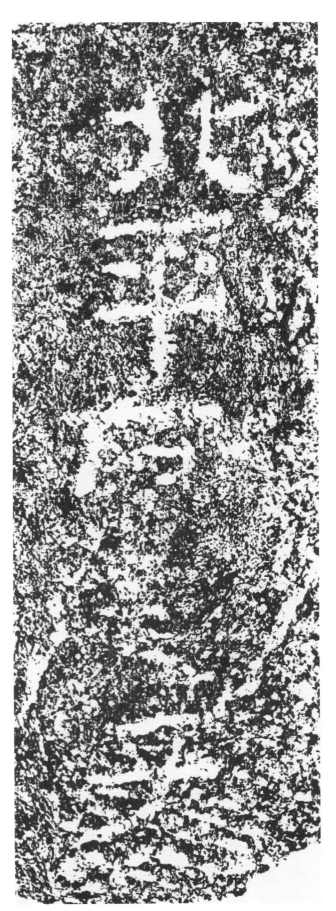

五八・W71-北平石吴子　　　　　　　　　　五九・W87-北平徐立石

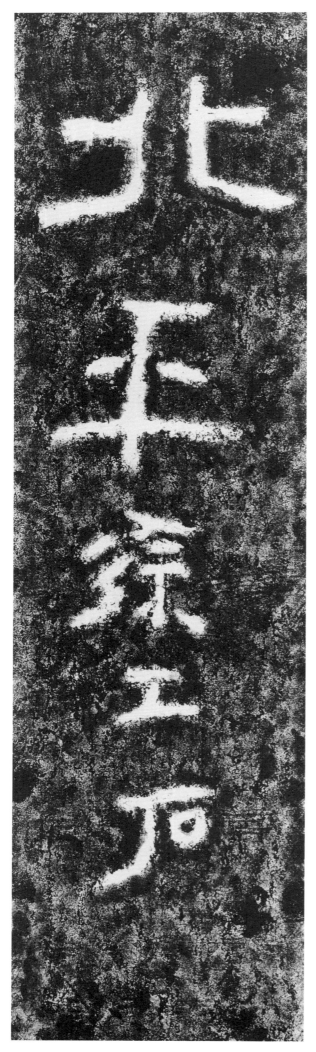

六〇·B158-北平徐工石

B158-原石 409

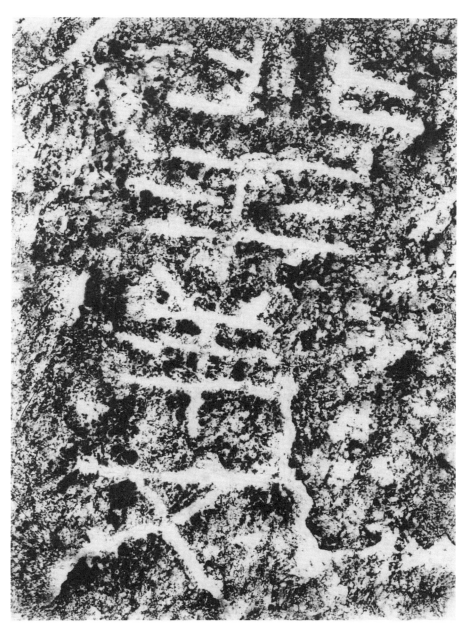

六一・W146–北平羊文

W146–原石 443

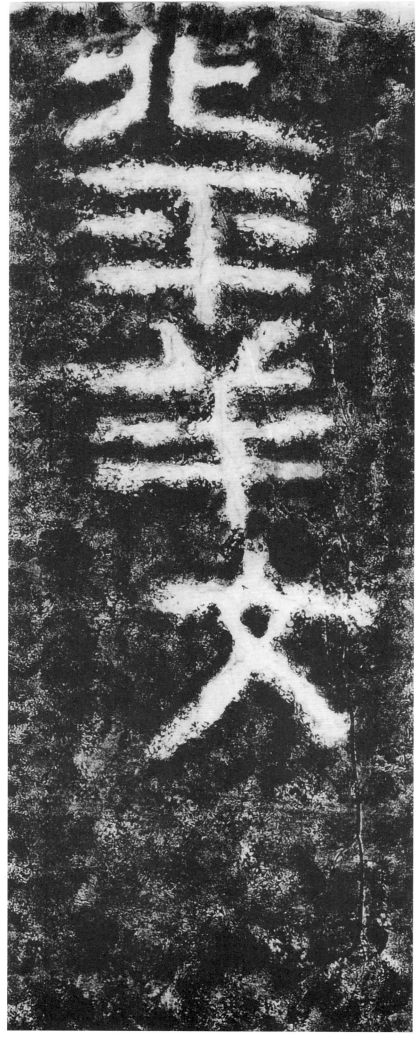

六二·B90- 北平羊文

六三·B146- 北平工袁当石

B146- 原石 415

六四·B514- 北平石安

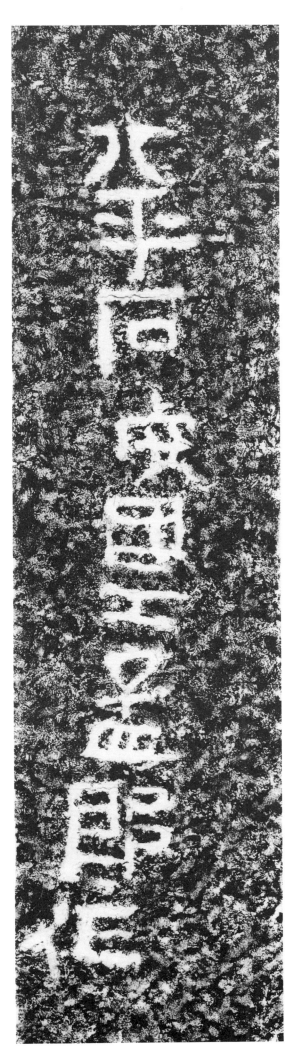

六五·W66-北平石安国工孟郎作　　　　六六·B96-北平石安国工孟郎作

六七・B132- 北平石安国工孟郎作

B132- 原石 422

六八・B138-北平石安国工孟郎作

B138-原石419

六九·B139- 北平石安国工孟郎作

B139- 原石 182

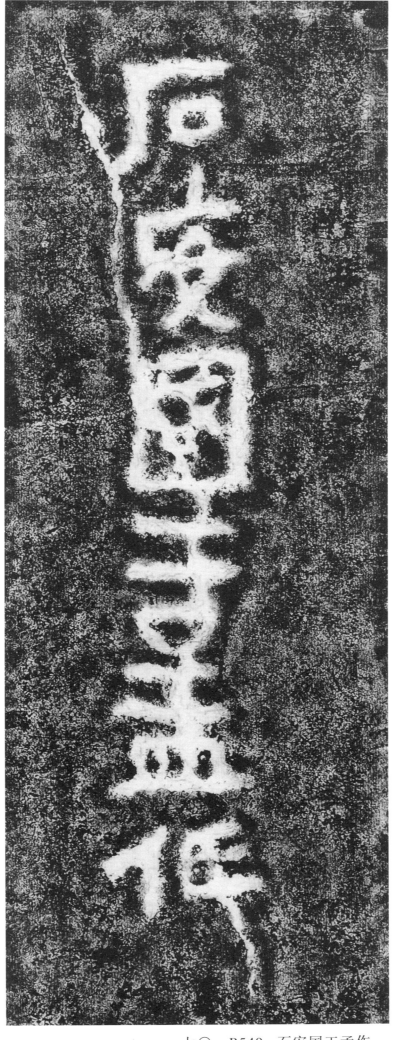

七〇 · B549- 石安国工孟作

七一·B102– 北平石安国尹伯通

B102– 原石 437

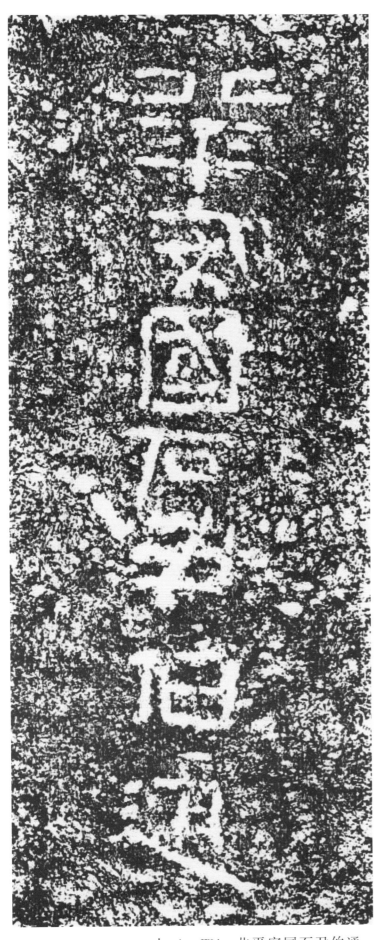

七二·W1- 北平安国石尹伯通　　　　　　　七三·B579- 石安险

七四·W69-北平石安险工吴都作

七五・B53- 北平石安险工吴都作

B53- 原石 225

B59- 原石 222

七六·B59- 北平石安险工吴都作

七七·B74- 北平石安险工吴都作

B74- 原石 451

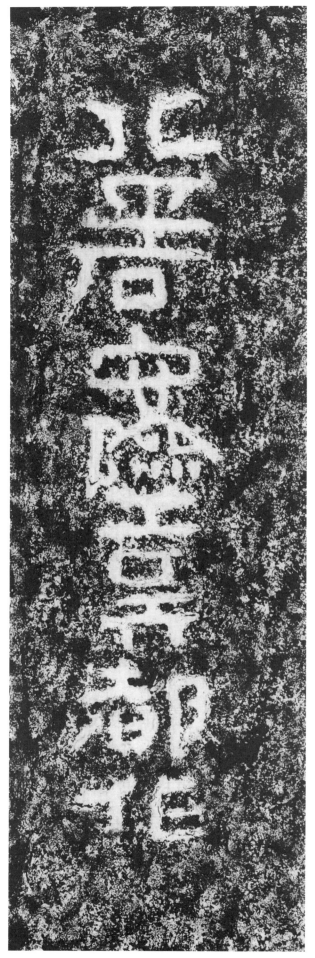

七八・B87- 北平石安险工吴都作

B87- 原石 208

七九·B106-北平石安险工吴都作

B106-原石 435

定州北庄子汉墓黄肠石题铭

B118-原石429

八〇·B118-北平石安险工吴都作

168

八一·B495- 北平石安险工吴都作

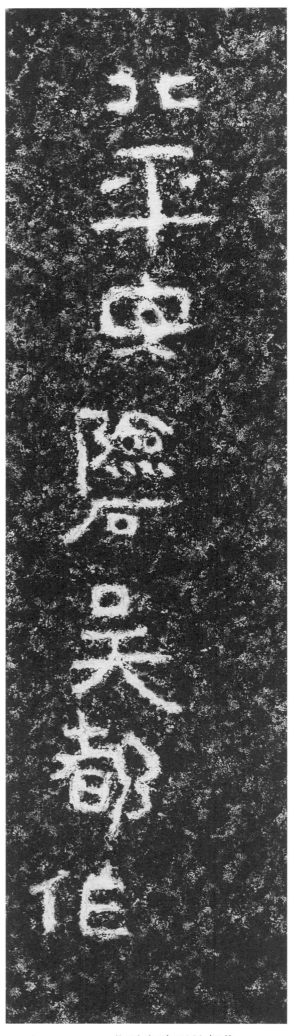

八二·B30-北平安险石吴都作

B30-原石473

八三·B573- 北平石安险工吴

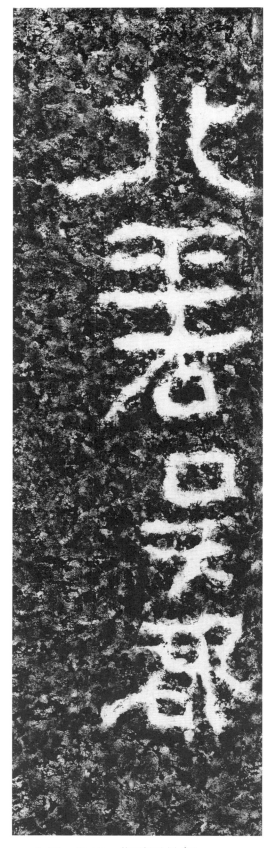

八四・B28- 北平石吴都

B28- 原石 474

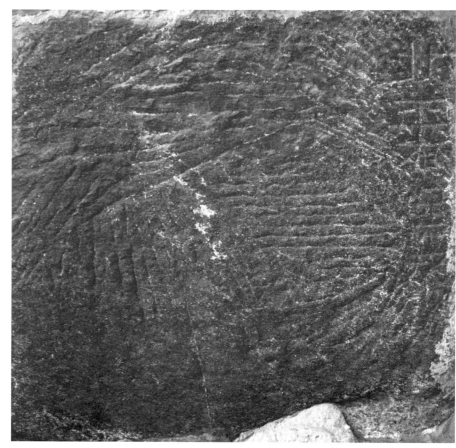

八五·B503- 险工吴都作

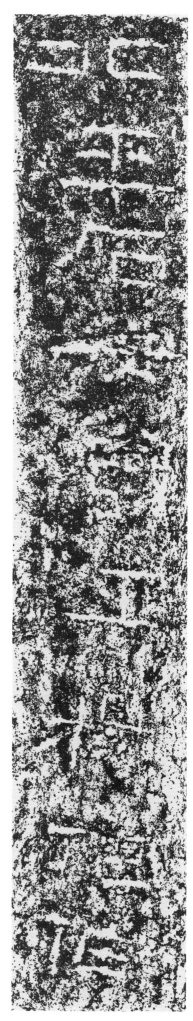

八六·B46– 北平石吴

八七·W17– 北平石

安险工杨伯作

八八·B130- 北平石安险杨伯

B130- 原石 423

八九·B91- 北平石安险工杨

B91- 原石 206

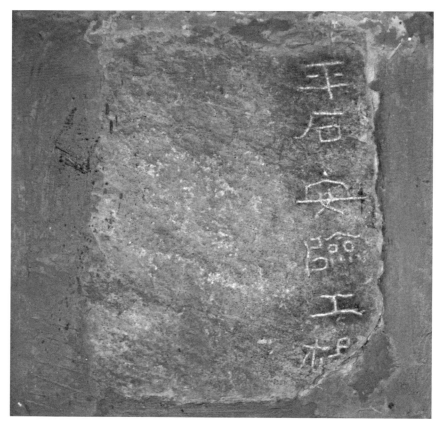

九〇·W43- 北平石安险工张伯作

九一·B23-北平石安险工张伯作

B23-原石 240

九二·B490- 北平石安险工张伯

九三・B92- 北平石安险张白

B92- 原石 442

九四·W31-北平石险张伯

W31-原石 242

九五·B552- 安险张伯

九六 · B163-险工张伯宣

B163- 原石 170

九七・B575- 北平石北□

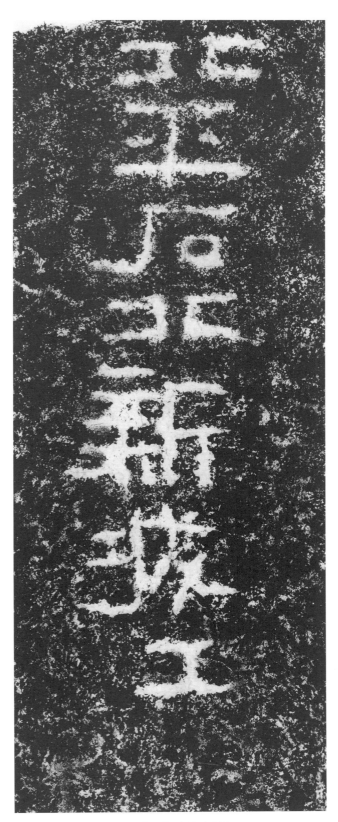

九八・B95-1-北平石北新城工

B95-1-原石 204

九九·B582-北平石北新城工

B45- 原石 229

一○○ · B45- 平石北新城工傅□作

一〇一 · B585- 新城工傅

一〇二·W33– 北平石北新城工付伯明作

一〇三·B603– 城工耿叔陵作

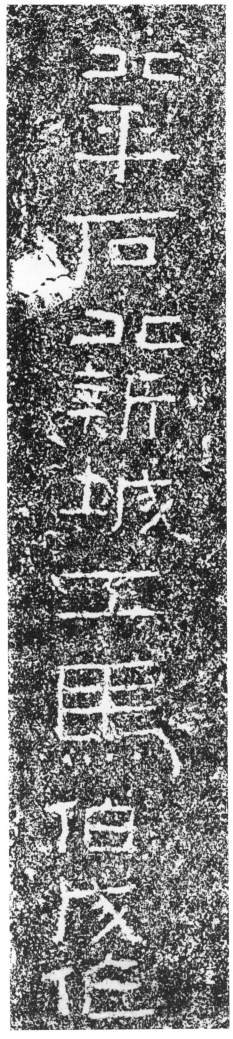

一〇四・W18-北平石北新城工马伯成作

一〇五・B79-北平石北新城工马伯成

B79-原石 212

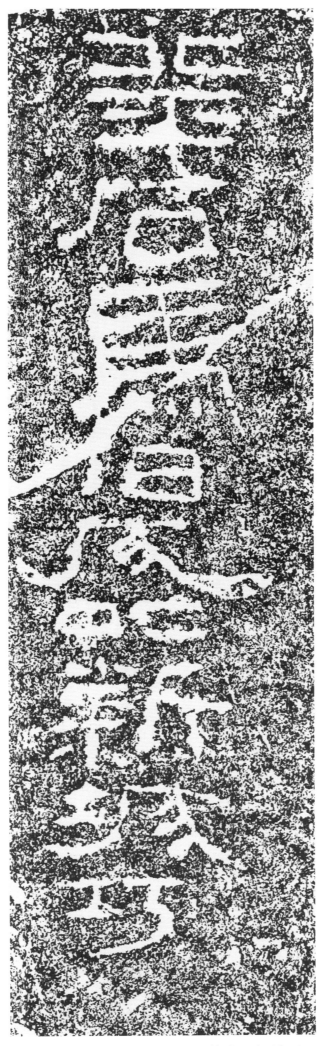

一〇六・W42–北平石马伯成北新城巧

B126- 原石 425

一○七・B126- 北平石北新城工王文伯作

一〇八·W154–北平石北新城王文伯作

一〇九·B24- 北平石北新城王文伯

B24- 原石 476

一一〇・B161- 北平石北新城王文伯

B161- 原石 171

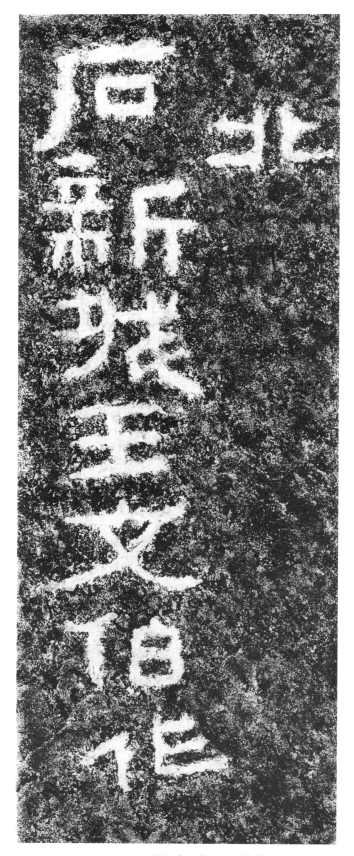

一一一 · B127- 石北新城王文伯作

B127- 原石 188

一一二・B3- 北新城王文伯作

B3- 原石 250

定州北庄子汉墓黄肠石题铭

一一三·B16-1-北平石北新城工张文作

B16-1-原石480

一一四·B25- 北平石北新城工张文作

B25- 原石 239

一一五·W47-北平石北新
城张文作

一一六·W123-北平石北新城工祝文作

一一七·W39– 北平石北新城工祝文虎作

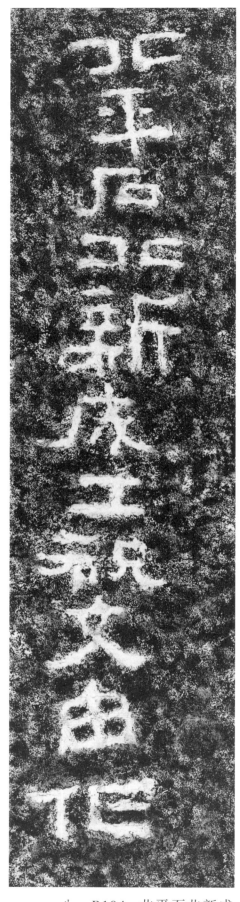

一一八·B104- 北平石北新成
工祝文由作

B104- 原石 436

一一九·B37-北平石东

B37-原石 233

一二○·W92- 东平马兄北平

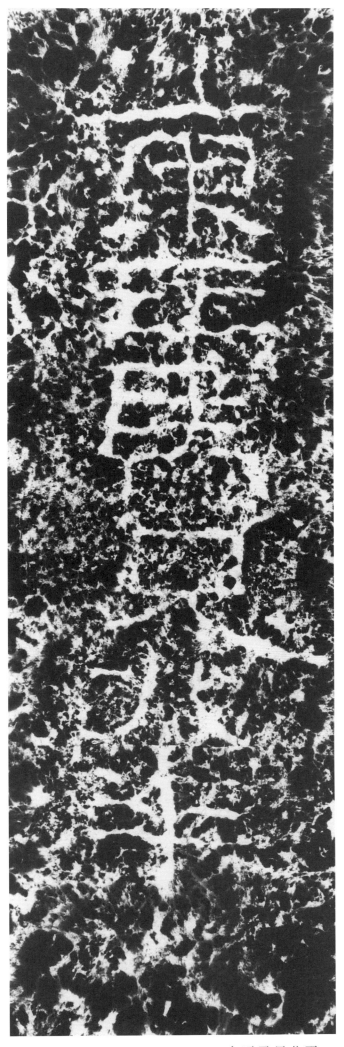

一二一・W162-东平马兄北平

一二二·B61- 东平马兄北平

B61- 原石 221

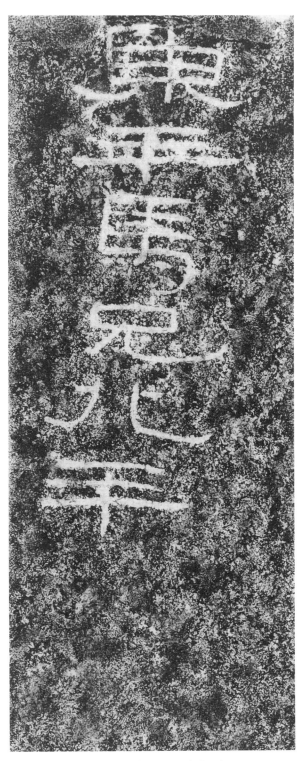

一二三 · B97- 东平马兄北平

B97- 原石 203

一二四 · B101- 东平马兄北平

B101- 原石 201

一二五·B489– 东平马兄北平

一二六・B536– 东平马兄北平

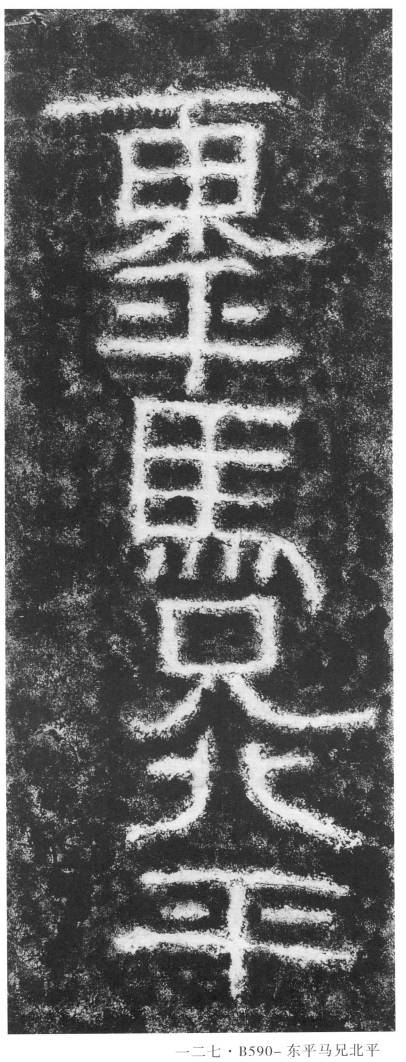

一二七·B590- 东平马兄北平

一二八·B605- 东平马兄北平

一二九·B515- 东平马兄北平

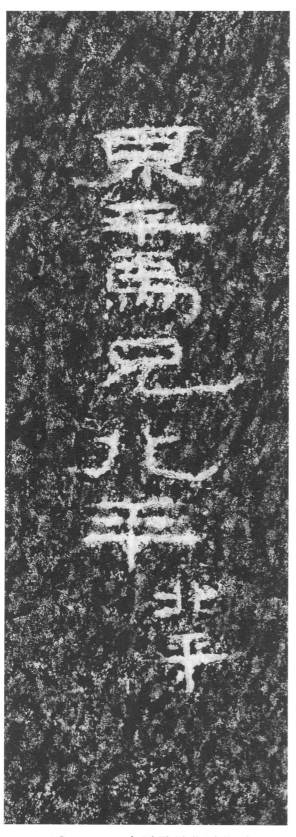

一三〇·B76- 东平马兄北平北平

B76- 原石 450

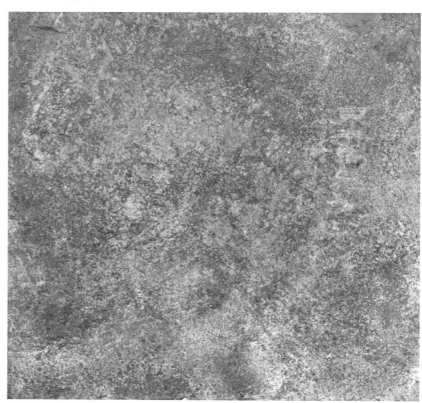

一三一·B592- 东平马兄北平 东平马兄北平

一三二·W76- 东平北平王伯

W76- 原石 184

一三三·B103- 东平王伯北平

B103- 原石 200

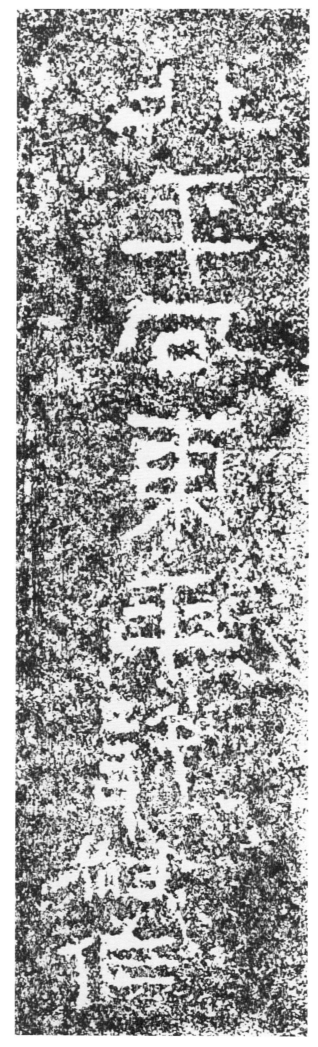

一三四・W22－北平石东平许叔作

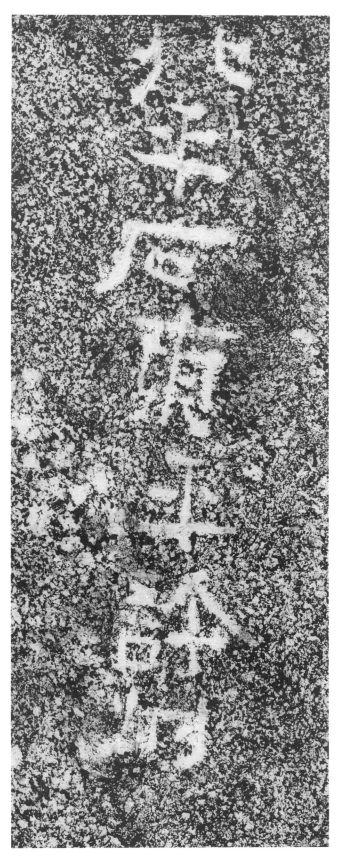

一三五・W93- 北平石东平许叔

W93- 原石 470

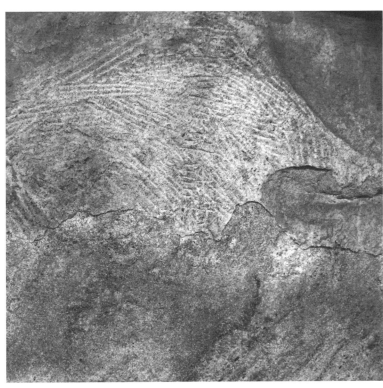

一三六·B13- 北平石东平许叔

B13- 原石 245

一三七・B36-北平石东平许叔

B36- 原石 235

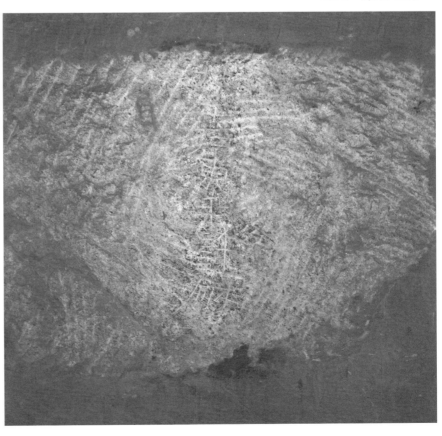

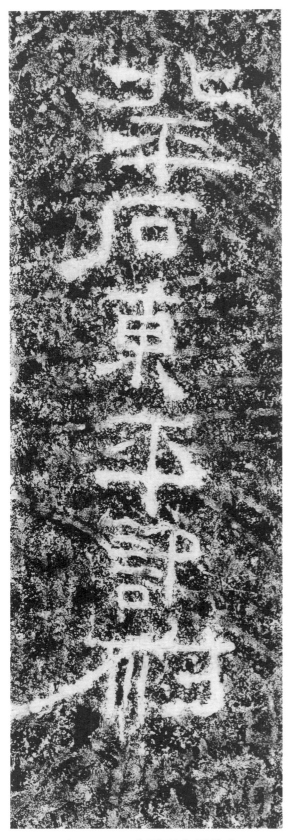

一三八・B94- 北平石东平许叔

B94- 原石 441

一三九·W30- 东平许叔北平石

一四○·B5- 东平许叔北平石

B5- 原石 249

一四一·B136- 东平许叔北平石

B136- 原石 420

一四二・B497-东平许叔北平石

一四三・B567-东平许叔北平石

一四四・B141– 东平许叔北平

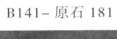
B141– 原石 181

一四五·B143– 平许叔北平石

B143– 原石 180

一四六・B71- 许叔北平石

B71- 原石 216

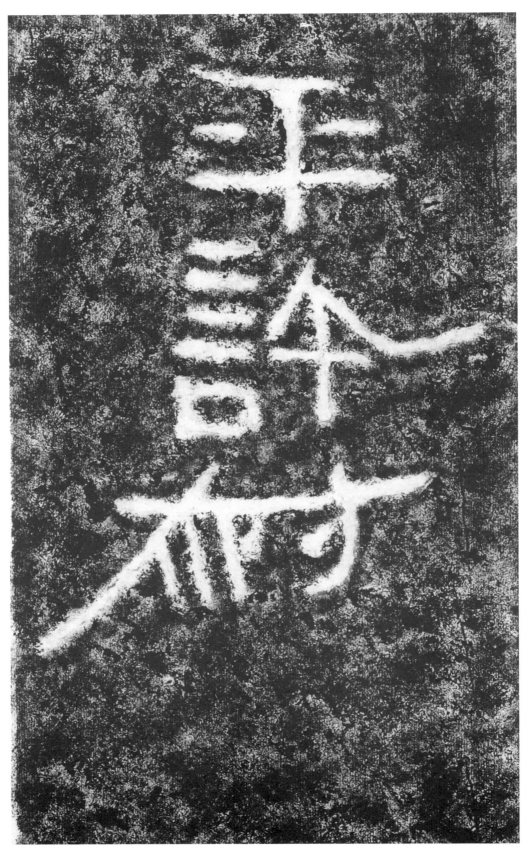

一四七·B519- 平许叔

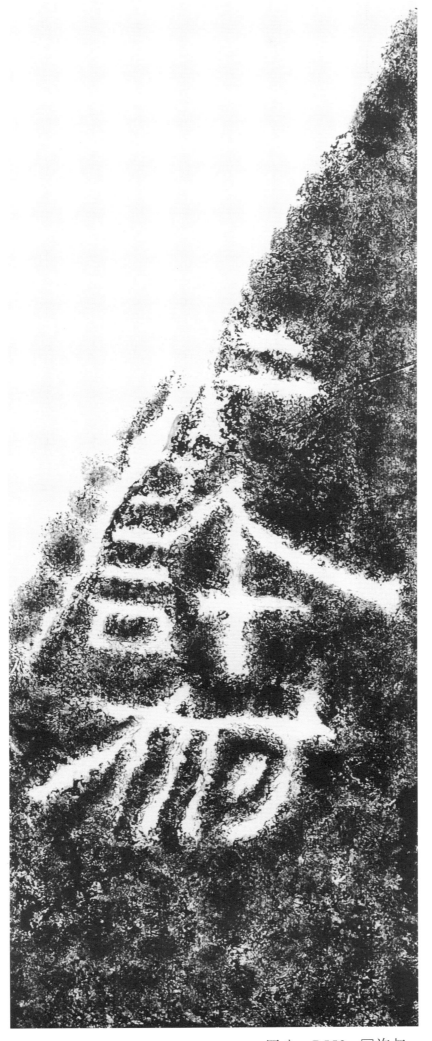

一四八·B553–□许叔

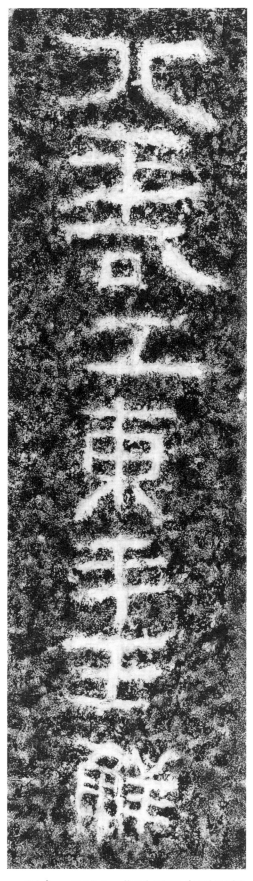

一四九·B105– 北平石工东平王解

B105– 原石 199

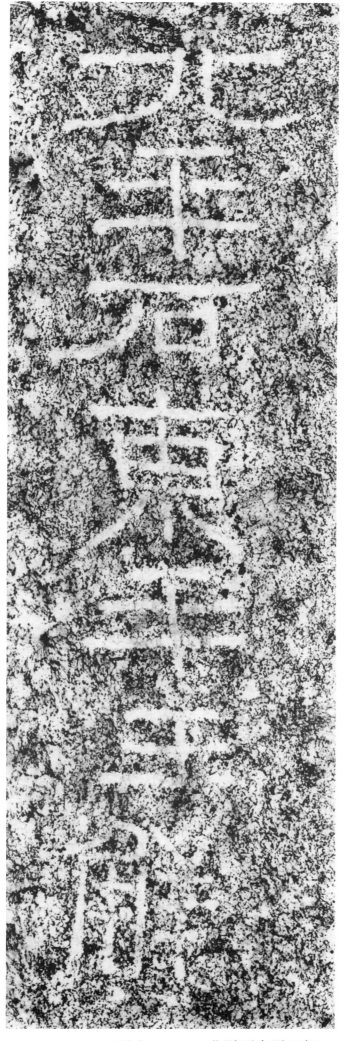

一五〇·W24- 北平石东平王解

B55-原石224

一五一·B55-北平石东平王解

一五二・B85-北平石东平王解

B85- 原石 209

一五三·B66- 北平东平王解

B66- 原石 455

一五四·B120-北平东平王解

B120-原石 428

一五五·W78- 北平平阳王解

W78- 原石 463

一五六·B618- 北平平阳王解

B618- 原石 192

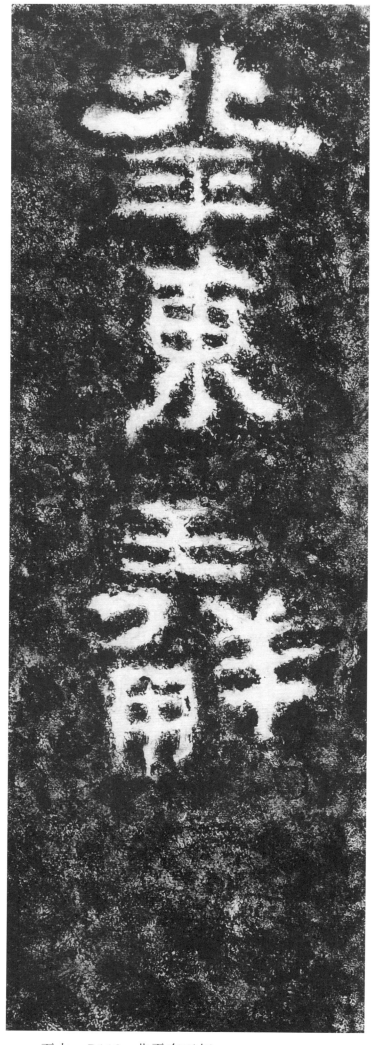

一五七·B119-北平东王解

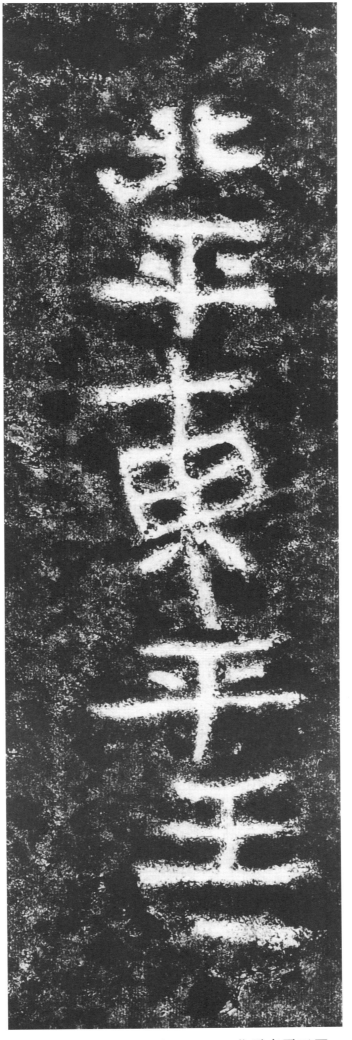

一五八·B506-北平东平王□

一五九・B500- 北平石無

一六〇・Y3-北平石無□□□

一六一・B113- 北平石無盐□

B113- 原石 195

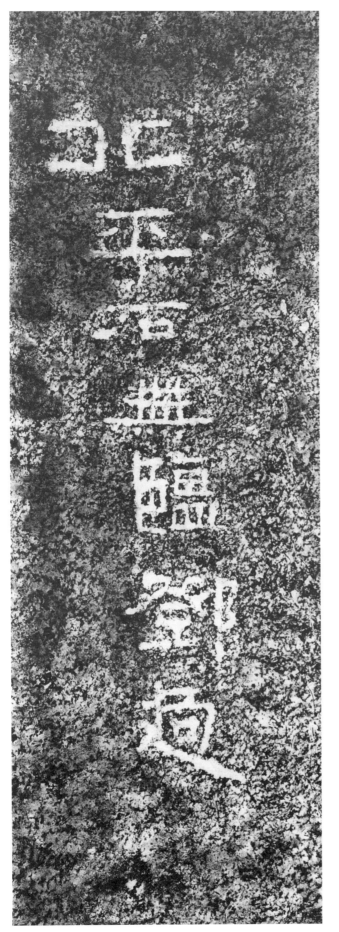

一六二·W72- 北平石無盐邓过

W72- 原石 410

一六三·B8- 北平石無盐邓过

B8- 原石 484

一六四・B15- 北平石無盐邓过

B15- 原石 244

一六五·B39- 北平石無盐邓过

B39- 原石 232

一六六・B44- 北平石無盐邓过

B44- 原石 466

一六七・B68- 北平無盐邓过

B68- 原石 454

一六八・B140- 北平石無盐邓过

B140- 原石 418

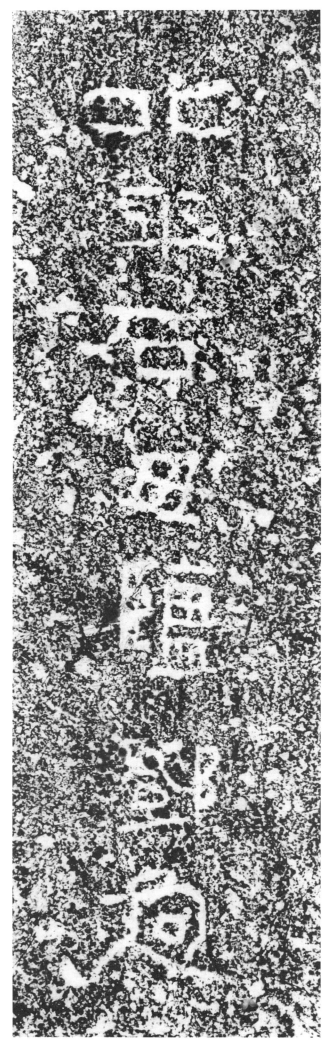

一六九·W135-北平石毋盐邓过

一七〇・B26- 北平石毋盐邓过

B26- 原石 475

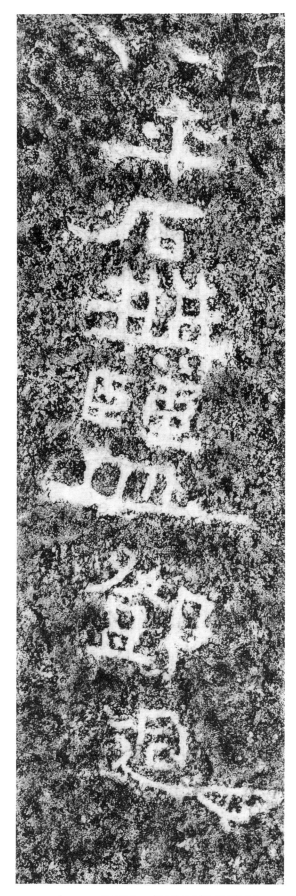

一七一·B123- 北平石無盐邓过

B123- 原石 190

一七二·B81- 北平東平章張和卩石

B81- 原石 211

一七三·W27-北平章张和卩石

一七四 · B86- 北平章张和卩石

B86- 原石 445

一七五·B121－北平章张和卩石

B121－原石 191

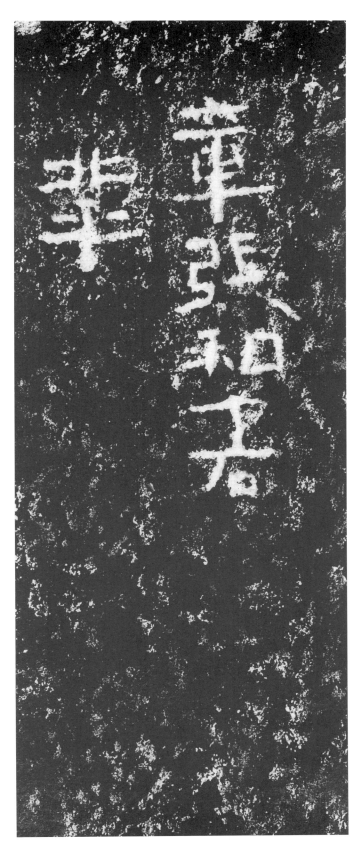

一七六·B125-1- 北平章张和卩石

B125-1- 原石 472

一七七·B125-2- 北平章张和卩石

B125-2- 原石 189

一七八·B137-北平章张和卩石

B137-原石 183

一七九・B565- 北平章张和卩石

一八〇・B99－北平章张和卩

B99－原石 202

一八一·B547-北平章张和卩

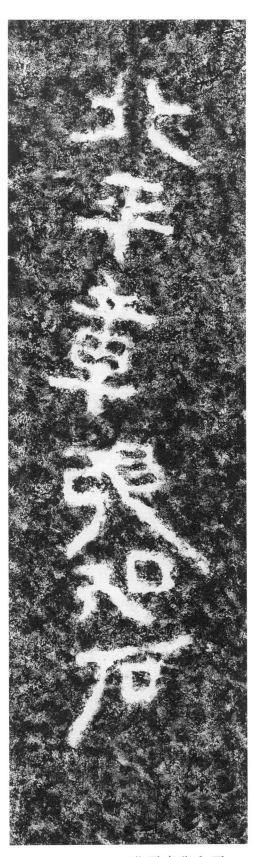

一八二・B22- 北平章张和石

B22- 原石 477

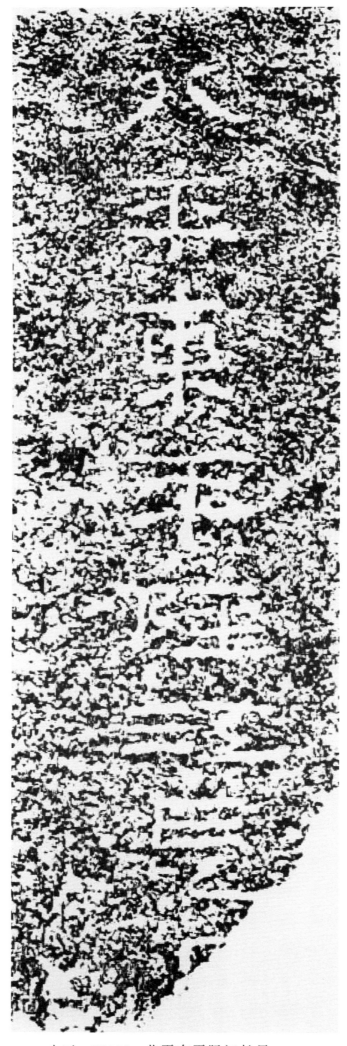

一八三·W119- 北平东平陉江长兄

一八四·W143- 北平东平陵江长兄石

一八五・B122- 北平□江□兄石

B122- 原石 427

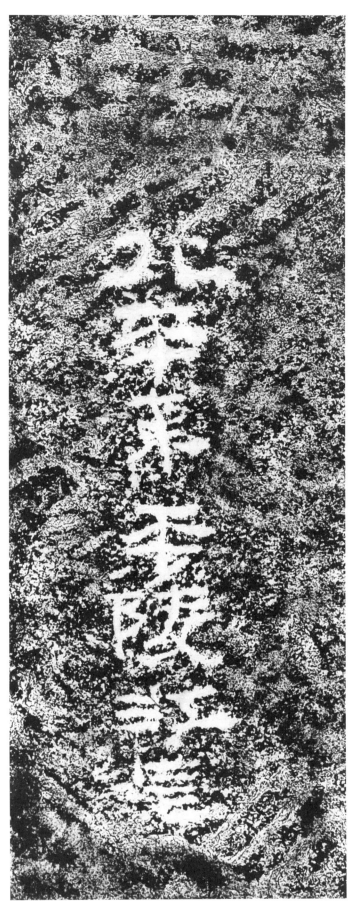

一八六·B43- 北平东平陵江长

B43- 原石 230

一八七・B115-北平东平陵江作

B115-原石 194

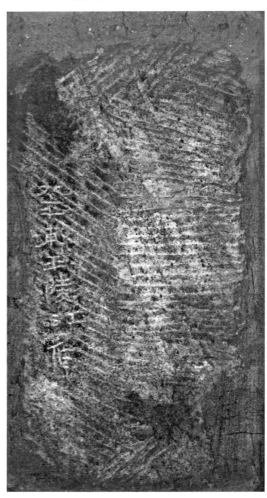

一八八・W165- 梁国石

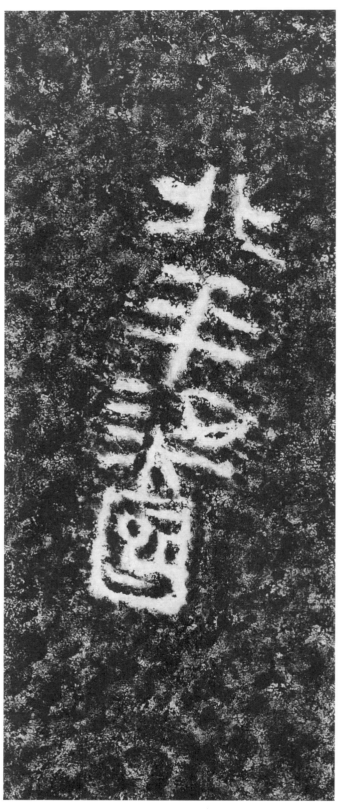

一八九·B88- 北平梁国

B88- 原石 444

一九〇・W25-北平梁国石工

一九一·W113-北平石梁郡邓阳

一九二・W105- 北平梁郡黄君石

W105- 原石 237

一九三 · W79- 梁国卢孙石

一九四·W148– 北平石工梁国权孺

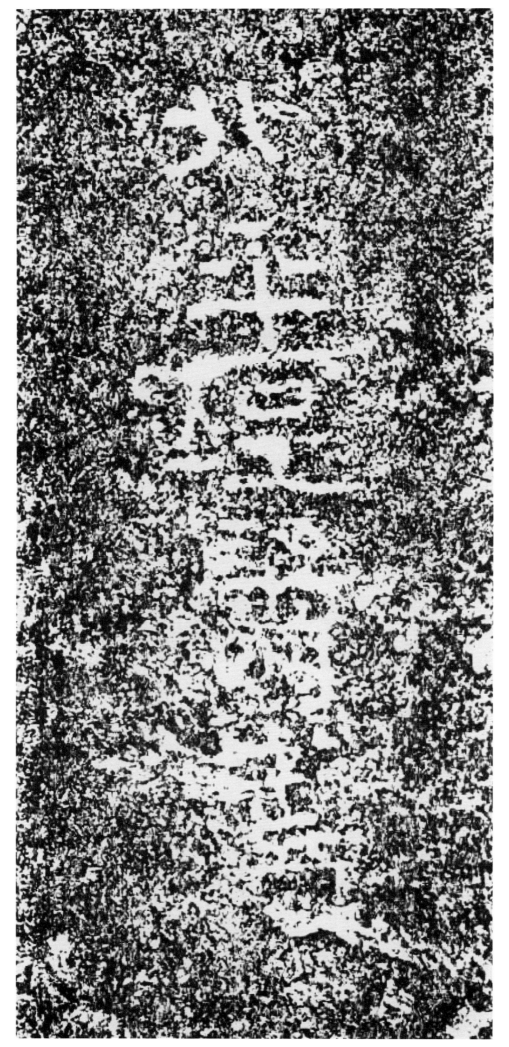

一九五·W12-北平石工梁国世奇

一九六·W95- 北平石梁国工郑建

一九七·B527- 北平石梁国工邹建

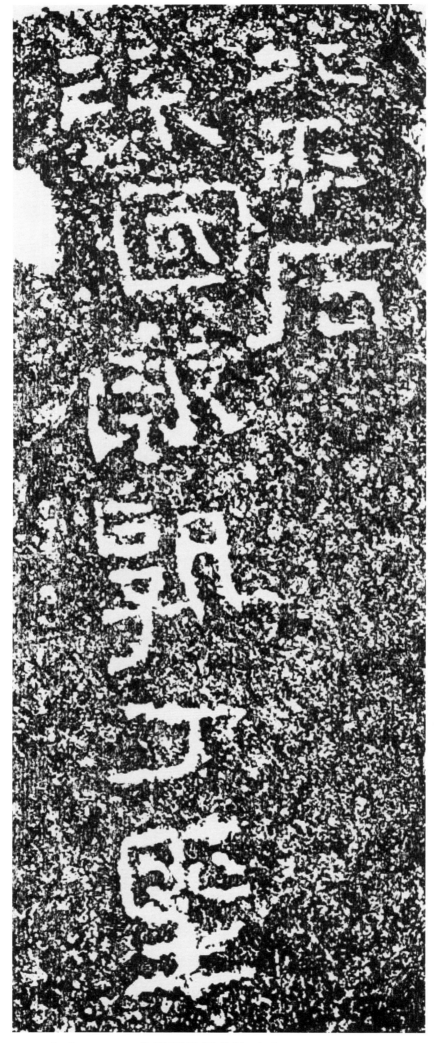

一九八·W99– 北平石梁国谷埶丁圣

一九九·W6- 北平梁郡丁圣石

二〇〇・B151- 北平梁郡石工圣

B151- 原石 176

二〇一・W68- 梁国北平石丁□

W68- 原石 197

二〇二·W111–北平梁国朱伯石己氏

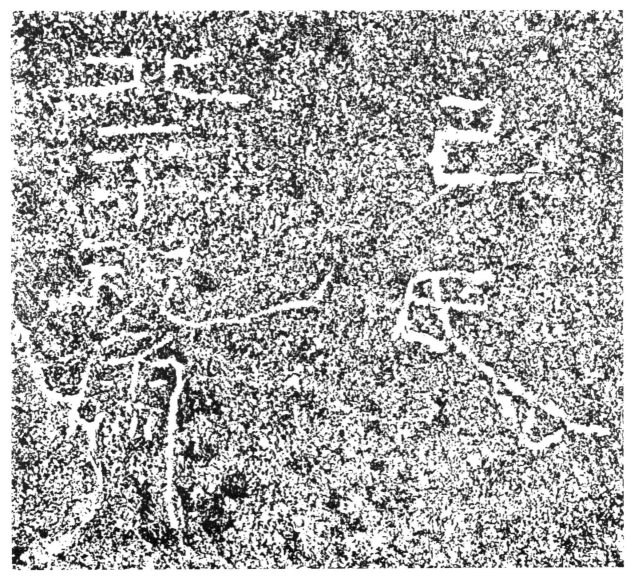

二〇三・W110- 北平祝魚己氏

二〇四·B157-己氏祝

B157-原石173

二〇五·W36- 北平工梁国单父

W36- 原石 210

二〇六·B63- 北平下邑

B63- 原石 220

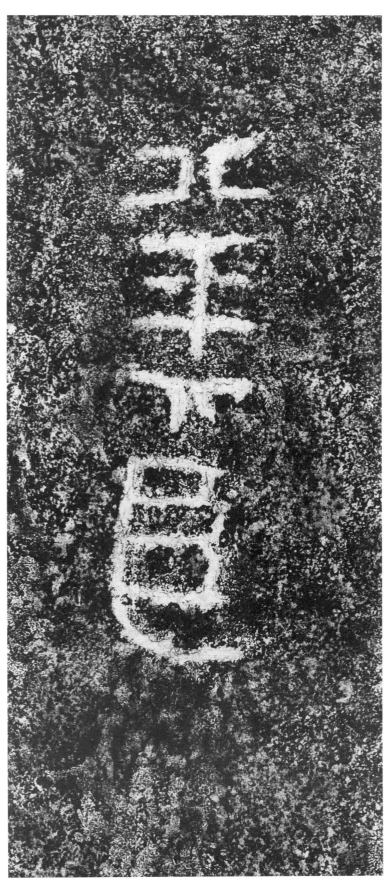

二〇七・B64- 北平下邑

B64- 原石 456

二〇八·B511–北平下邑

二〇九・B93-北平下邑作

B93-原石 205

二一〇·W159- 北平下邑□□

二一一・B77- 北平下邑工□□

B77- 原石 213

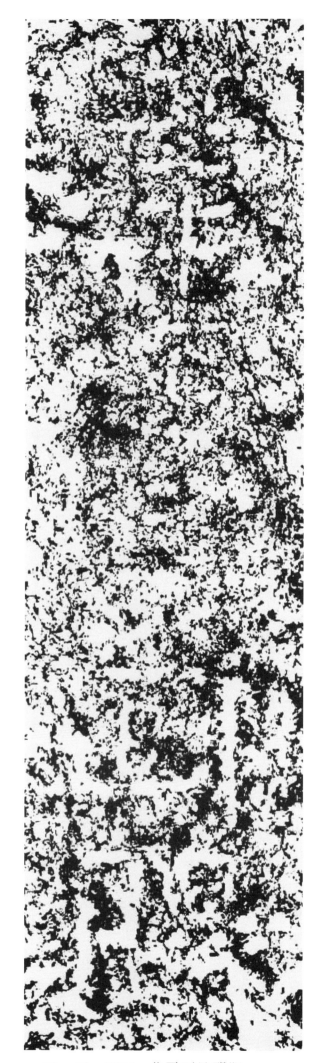

二一二·B58-北平石梁国下邑　　　　二一三·W35-北平下邑邓阳

二一四·B600- 北平下邑丁陵工

二一五·B65- 北平石工石梁郡

B65- 原石 219

二一六·B183- 梁国石工梁郡

B183- 原石 160

二一七・B184- 梁国工石梁郡

B184- 原石 396

二一八・B145- 北平梁国梁

B145- 原石 179

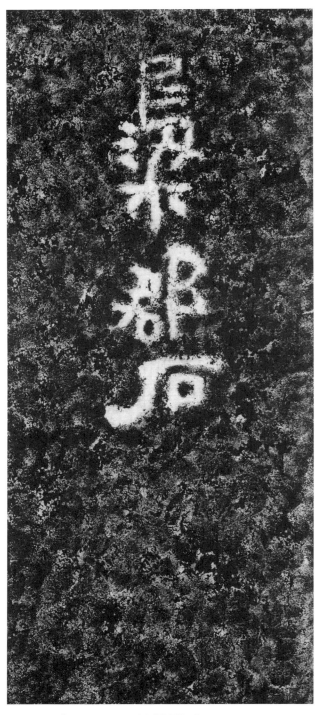

二一九・B167- 邑梁郡石

B167- 原石 168

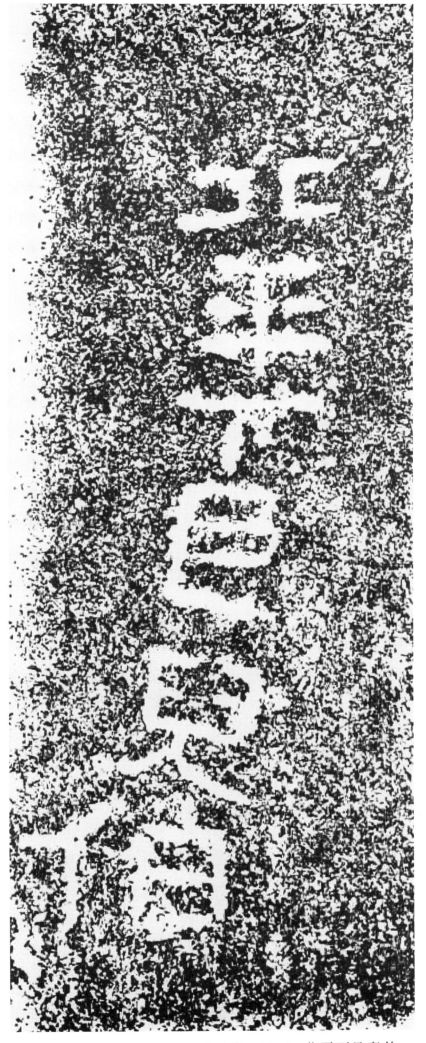

二二〇・W14- 北平下邑兒伯

二二一·W65-北平梁国下邑周伯

W65-原石 226

二二二・B100- 北平梁国下邑周伯

B100- 原石 438

二二三·B611– 北平梁国下邑周伯

二二四·B35-北平石下邑周伯

B35-原石 234

二二五・B49- 北平下邑周伯

B49- 原石 227

二二六 · B504– 北平下邑周伯

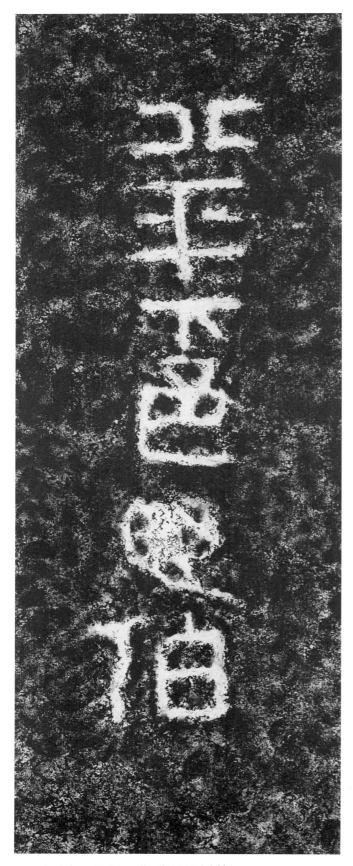

二二七・B31- 北平下邑周伯

B31- 原石 236

定州北庄子汉墓黄肠石题铭

310

二二八·B540-平石下邑周伯

二二九·B576-石鲁

二三〇・B587-北平鲁

二三一·B594– 北平鲁

二三二·B21- 石鲁北平

B21- 原石 241

二三三·B598-北平石鲁　　　　　　二三四·Y5-□平石鲁□

二三五·B518-北平石鲁庶

二三六·B2- 北平石鲁伯大

B2- 原石 487

二三七·W5- 北平石鲁麃伯作

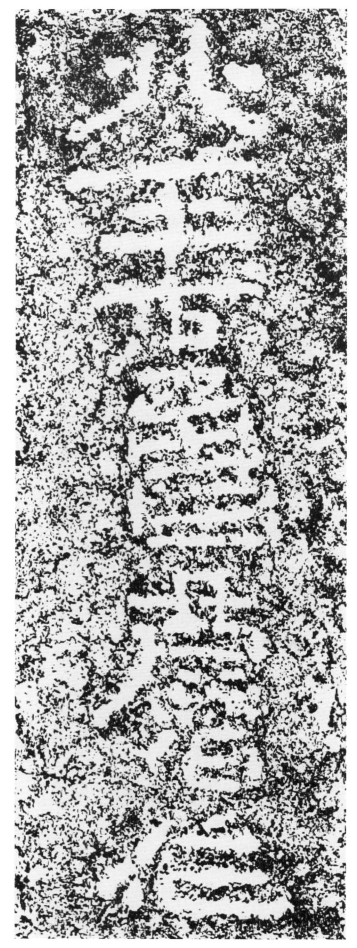

二三八·W80- 北平石鲁麃伯作

二三九·B14–北平石鲁麃伯作

B14– 原石 481

二四〇·B54- 北平石鲁麃伯作

B54- 原石 461

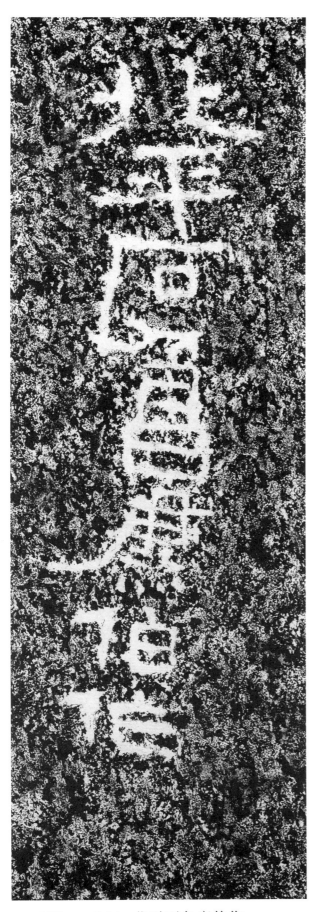

二四一・B56- 北平石鲁麻伯作

B56- 原石 460

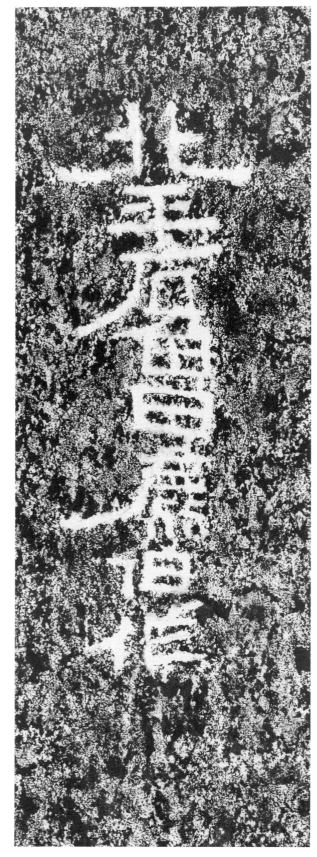

二四二·B60- 北平石鲁麂伯作

B60- 原石 458

二四三·B67-北平石鲁麃伯作

B67-原石 218

二四四·B70- 北平石鲁麃伯作

二四五·B112- 北平石鲁麀伯作

B112- 原石 432

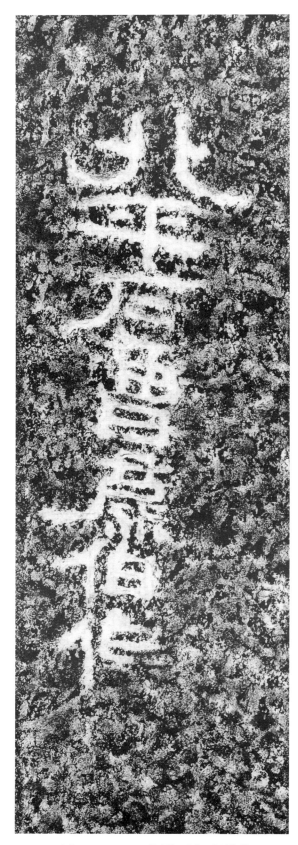

二四六·B134- 北平石鲁麃伯作

B134- 原石 421

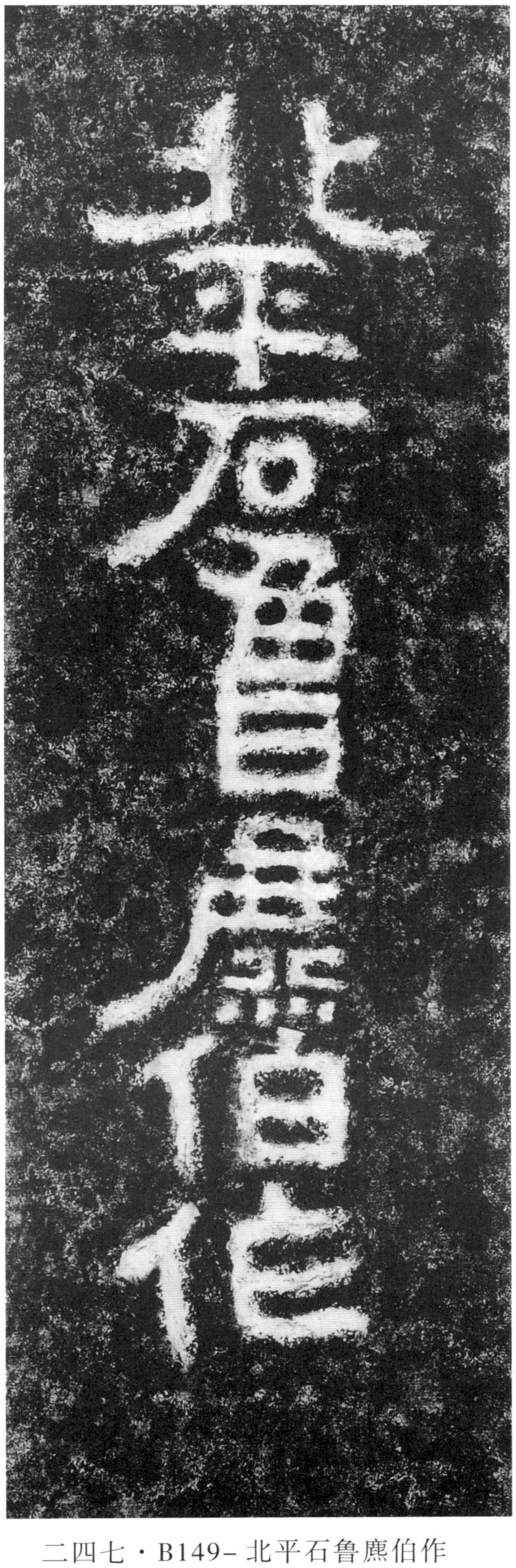

二四七·B149－北平石鲁麃伯作

B149－原石177

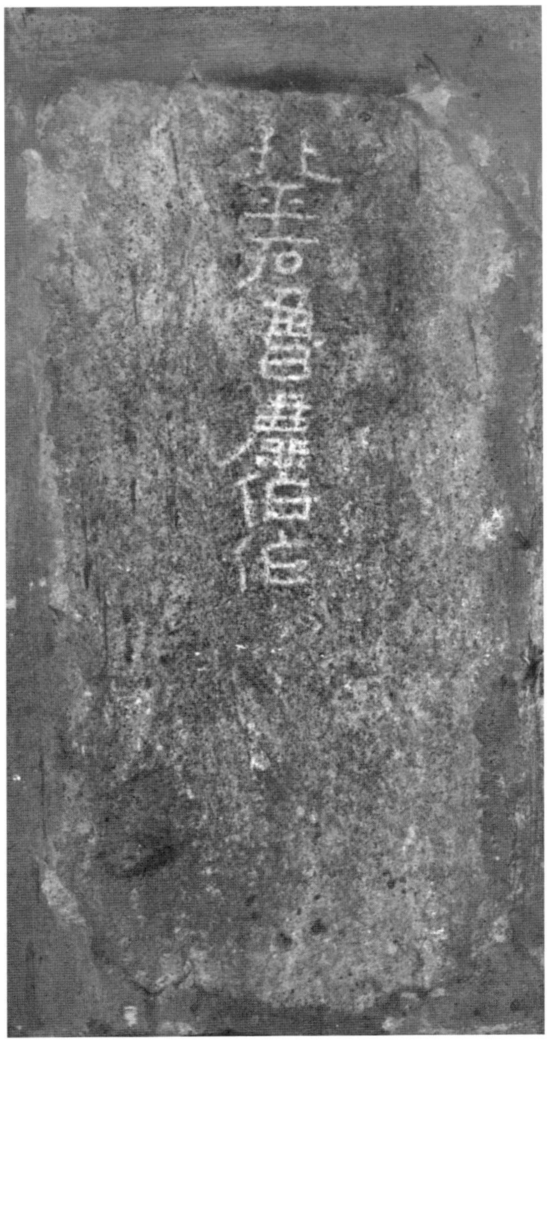

二四八·B154– 北平石鲁麃伯作

B154–原石 411

二四九・B38-北平石鲁孔都作

B38- 原石 469

二五〇·Y2－北平石鲁孔都作

330

二五一·W48–北平石鲁孔都

W48–原石 408

二五二·B116- 北平石鲁孔都

B116- 原石 430

二五三・B147- 北平石鲁孔都

B147- 原石 178

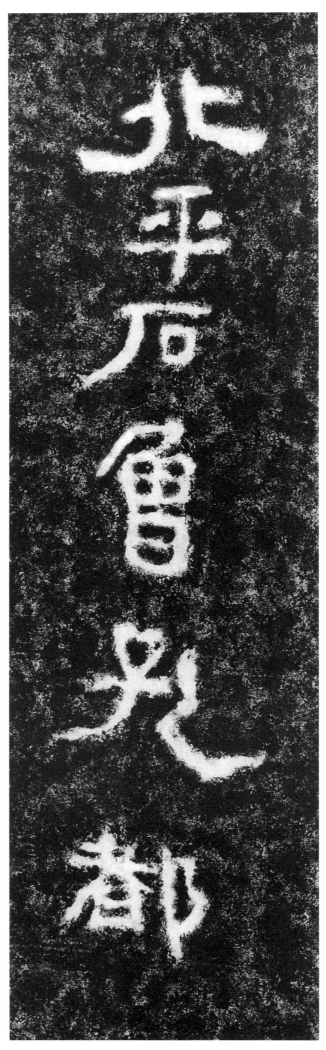

二五四·B160- 北平石鲁孔都

定州北庄子汉墓黄肠石题铭

334

二五五·B72- 北平石鲁国逆伯

二五六·B107- 北平石鲁国史工仲阳

B107- 原石 198

二五七·W126- 北平石鲁史仲作

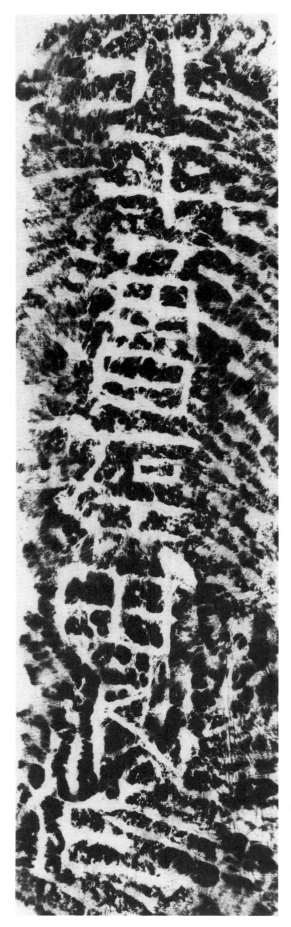

二五八·W164- 北平鲁石工田次作

W164- 原石 238

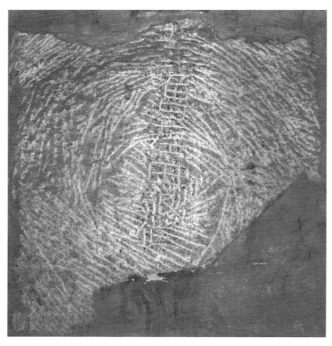

二五九・B114- 北平鲁石工田次作

B114- 原石 431

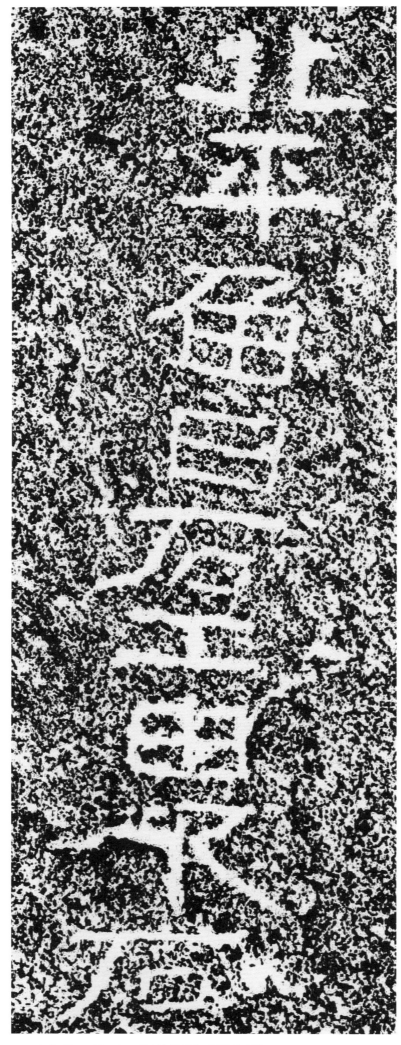

二六〇·W46- 北平鲁石工田次石

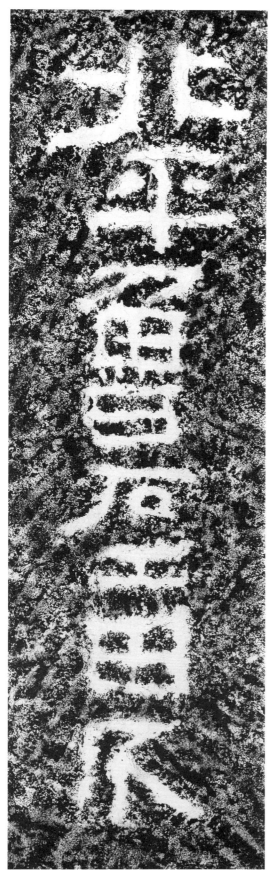

二六一・B57-北平鲁石工田次

B57-原石 223

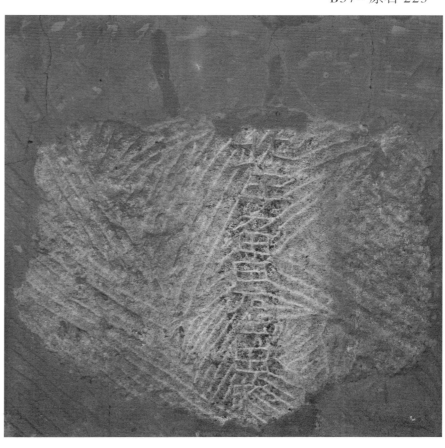

二六二·B159- 鲁石工田次石

B159- 原石 172

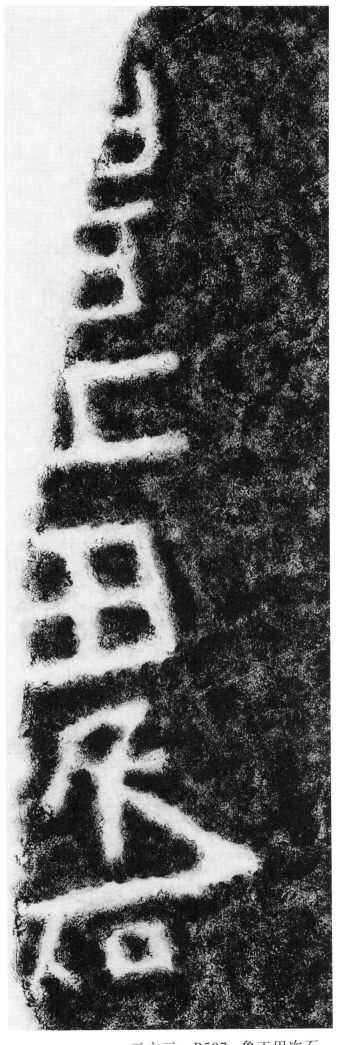

二六三·B507- 鲁工田次石

二六四・B520-□田次石

二六五・W11－北平石魯修太

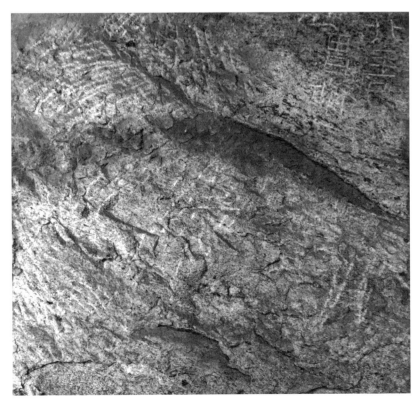

W11－原石 479

二六六·B9- 平石鲁修太

B9- 原石 247

二六七·W34- 北平鲁石工宣子作

二六八·B4- 北平鲁石工宣子作

B4- 原石 486

二六九・B41- 北平魯石工宣子作

B41- 原石 231

二七〇・B153- 北平鲁石工宣子作

B153- 原石 175

二七一·B510- 北平鲁石工宣子作

二七二・B133- 北平鲁石工圆子

B133- 原石 185

二七三・B131- 北平薛工

B131- 原石 186

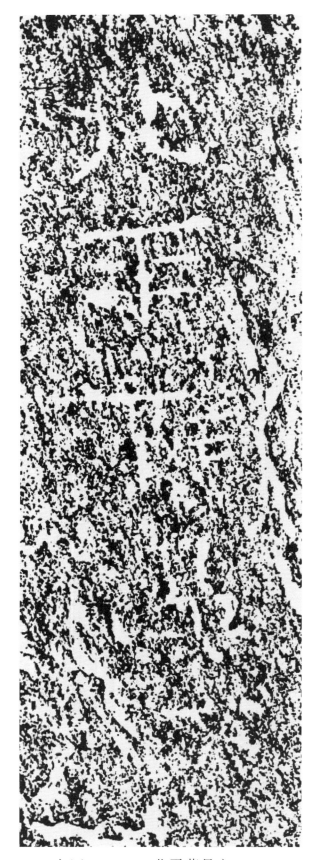

二七四・W127– 北平薛吴文

W127– 原石 462

二七五·B98- 北平薛吴文

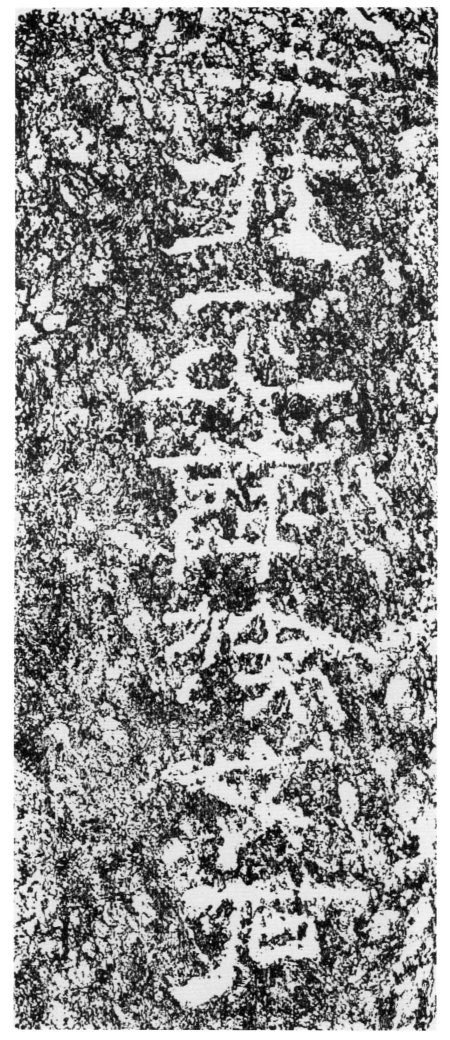

二七六·W97- 北平薛族文石

定州历史文化丛书

定州北庄子汉墓
黄肠石题铭

定州市文化广电和旅游局　编著

下　册

文物出版社

图版目录

定州北庄子汉墓黄肠石题铭

定州北庄子汉墓黄肠石题铭

望都石

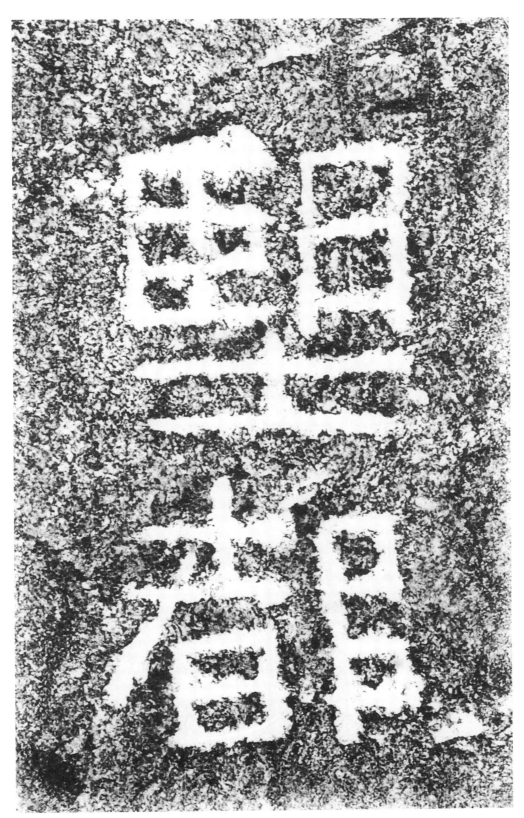

二七七・W61- 望都

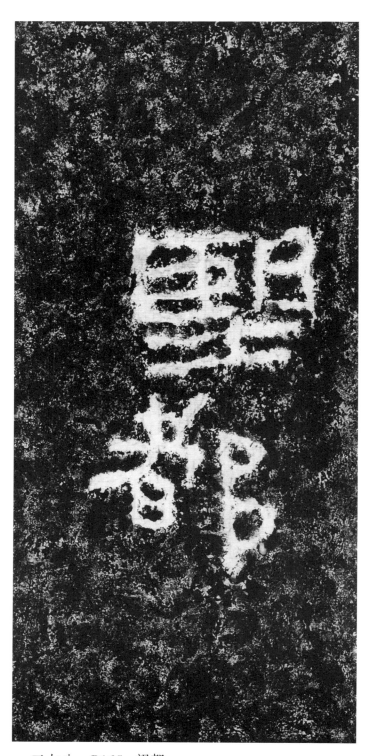

二七八·B165- 望都

B165- 原石 097

定州北庄子汉墓黄肠石题铭

二七九·B222- 望都

B222- 原石 385

二八〇·B245– 望都

B245– 原石 122

二八一·B246- 望都

B246- 原石 373

二八二·B254- 望都

B254- 原石 369

二八三・B256- 望都

B256- 原石 368

二八四·B271- 望都

B271- 原石 109

二八五・B278- 望都

B278- 原石 357

二八六·B283- 望都

B283- 原石 103

二八七·B303- 望都

B303- 原石 093

二八八·B312- 望都

B312- 原石 340

二八九·B313- 望都

B313- 原石 088

二九〇·B314- 望都

B314- 原石 339

二九一·B316- 望都　　　　　　　　　　二九二·B402- 望都

二九三·B449- 望都

B449- 原石 020

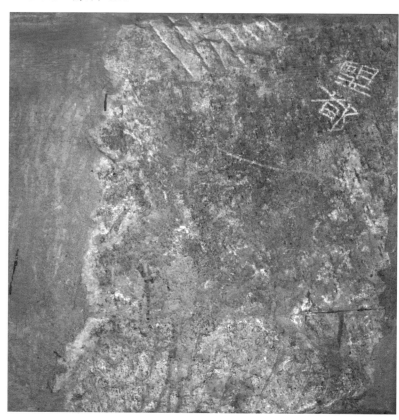

二九四・B457- 望都

B457- 原石 016

二九五・B458- 望都

二九六·B482- 望都

B482- 原石 003

二九七·B496- 望都

二九八・B498- 望都

二九九・B578- 望都

三〇〇·B581- 望都

三〇一・B593- 望都

三〇二·B599– 望都

三〇三・B577- 望都

三〇四·B604– 望都

三〇五・B612- 望都

三〇六·B223- 望都石

B223- 原石 133

三〇七·B229- 望都石

B229- 原石 130

三〇八・B241- 望都石

B241- 原石 124

三〇九·B248- 望都石

B248- 原石 372

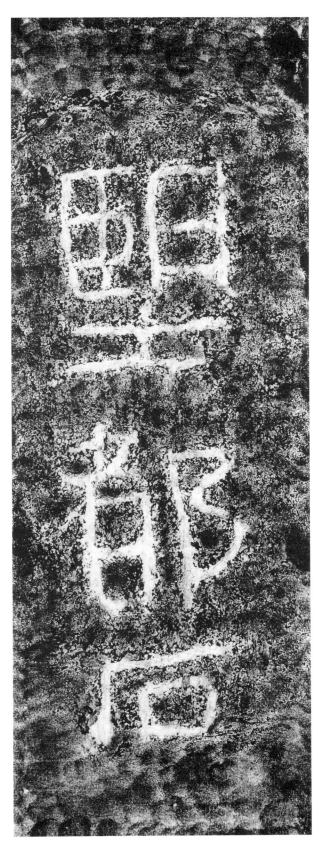

三一〇·B257- 望都石

B257- 原石 116

三一一・B268- 望都石

三一二・B273- 望都石

B273- 原石 108

三一三·B275- 望都石

B275- 原石 107

三一四・B279- 望都石

B279- 原石 105

三一五·B287- 望都石

B287- 原石 101

三一六 · B308- 望都石

B308- 原石 342

三一七·B318- 望都石

B318- 原石 337

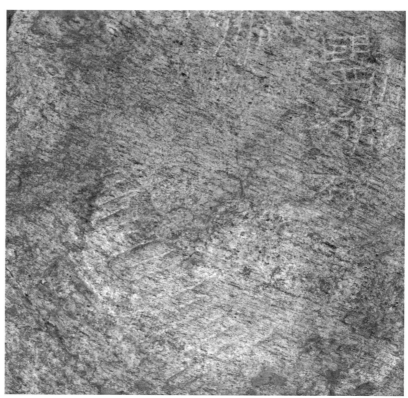

三一八·B328-望都石

三一九·B421- 望都石

B421- 原石 034

三二〇·B431- 望都石

B431- 原石 029

三二一 · B499- 望都石

B499- 原石 362

三二二·B535- 望都石

三二三·B517- 望都石

三二四·B580- 望都石

三二五·B608-望都石

三二六・B242- 望都石

B242- 原石 375

三二七·B566- 望都石

三二八·B521– 望都□　　　　　　　　三二九·B550– 望都□

三三〇・B281- 望都石□

B281- 原石 104

三三一·B232- 亡都石一尺亡都

B232- 原石 380

三三二・B390- 望都工伯

B390- 原石 301

三三三·W106- 望都邓伯

W106- 原石 008

三三四·W144- 望都段伯阳石

W144- 原石 381

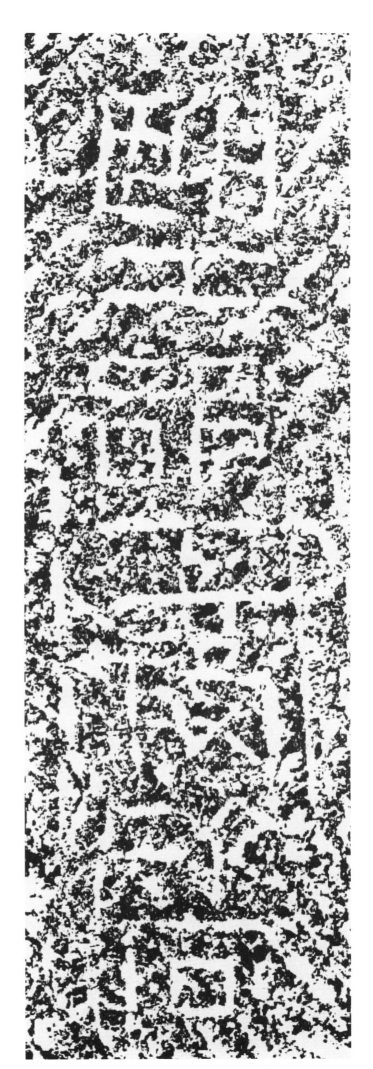

三三五·B484– 望都石段伯作　　　　　三三六·W129– 望都工段次石

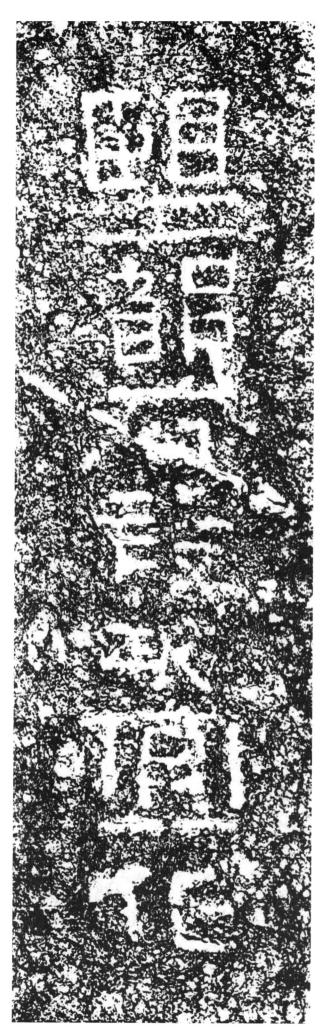

三三七·W82- 望都石段次宜作

三三八·B548- 段次宜作

三三九·W56- 段次义石

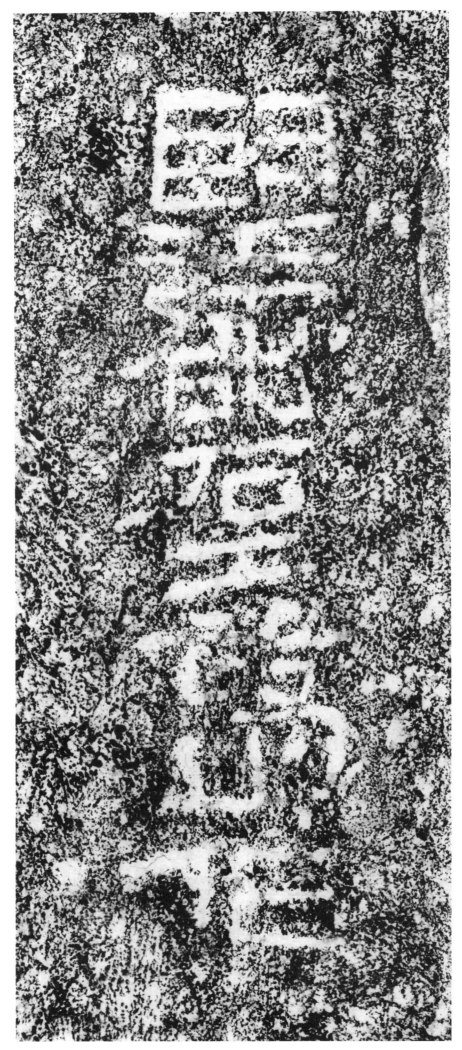

三四〇・W100- 望都石工段山作

三四一・B407- 望都石工段山作

B407- 原石 041

三四二・B483- 望都石工段山作　　　　三四三・B526- 望都石工段山

三四四·B336– 望都段山石

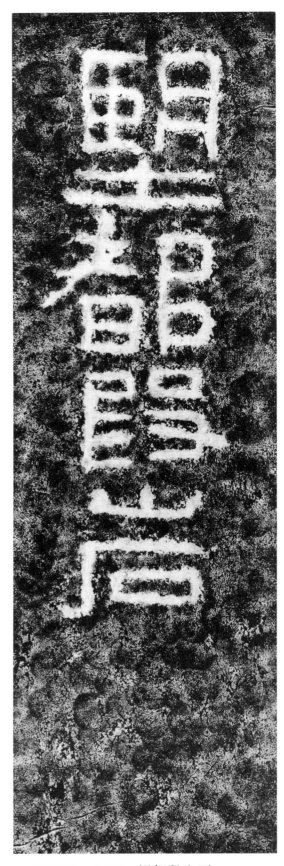

三四五·B433– 望都段山石

B433– 原石 028

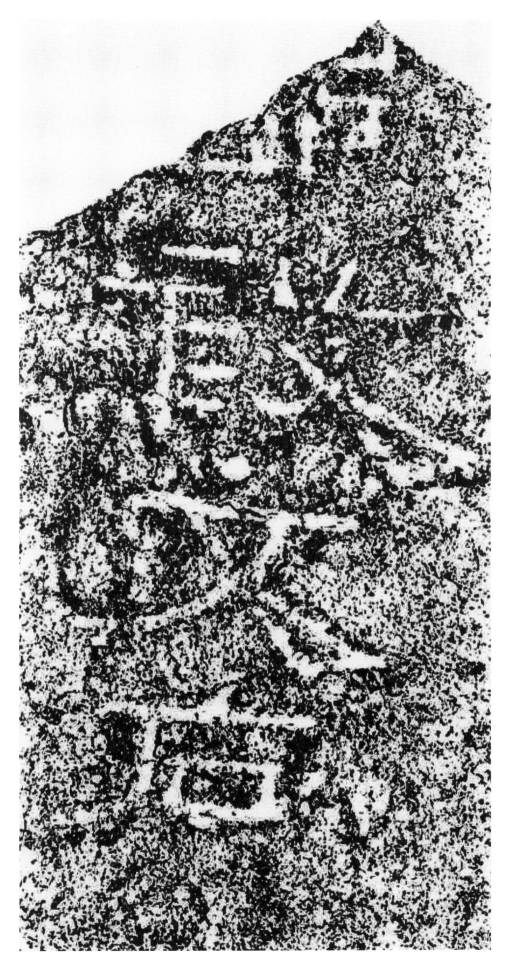

三四六·W15– 都段文石

三四七·B468- 望都石段颜石

B468- 原石 262

三四八·W58- 望都段须石　　　　　　　　　三四九·W115- 望都段颜石

三五○·B324– 望都段颜石

B324– 原石 268

三五一·B338- 望都段颜石

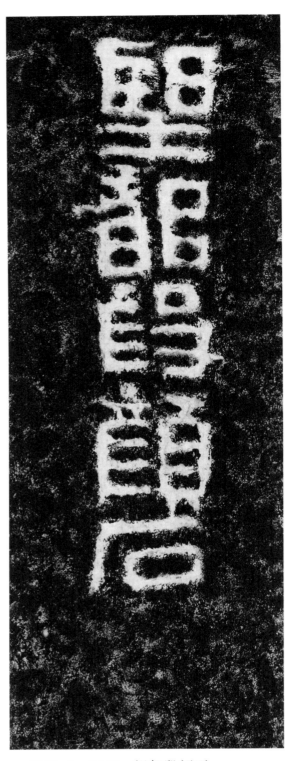

定州北庄子汉墓黄肠石题铭

三五二·B352- 望都段颜石

B352- 原石 320

三五三·B437- 望都段颜石

B437- 原石 026

三五四·B456- 望都段颜石

三五五·B488- 望都段颜石

B488- 原石 252

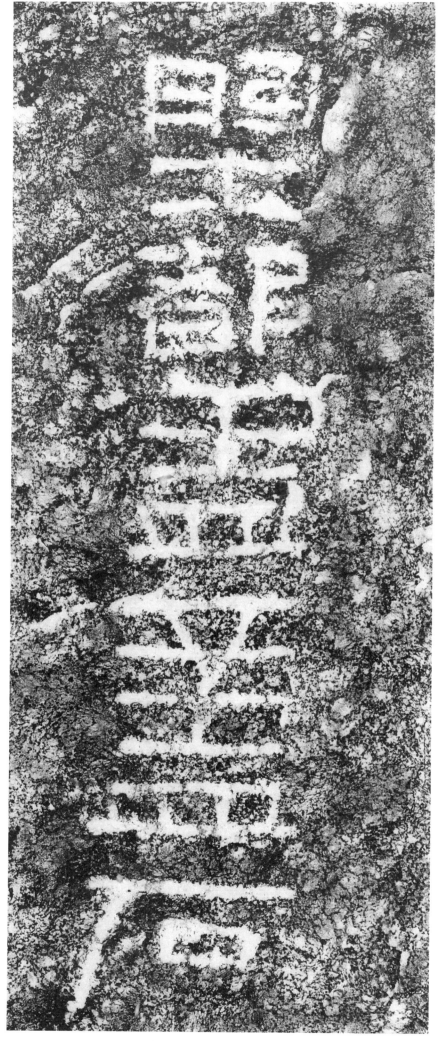

三五六·W104- 望都盖盂石

三五七·B335- 望都盖盂石

B335- 原石 077

三五八·B617- 望都盖孟石

B617- 原石 014

三五九 · B340– 望都工霍大

三六〇·B249- 望都霍大

B249- 原石 120

三六一·B311- 望都□□石李子少作

B311- 原石 089

三六二・W139－□□□石李子少作

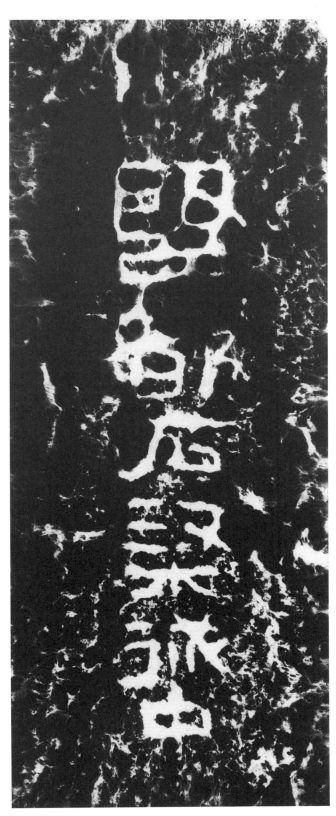

三六三・W174- 望都石梁叔中

W174- 原石 084

三六四·B383- 望都石梁叔中

B383- 原石 053

三六五·B412- 望都石梁□□

三六六·W20- 望都庆王石

W20- 原石 278

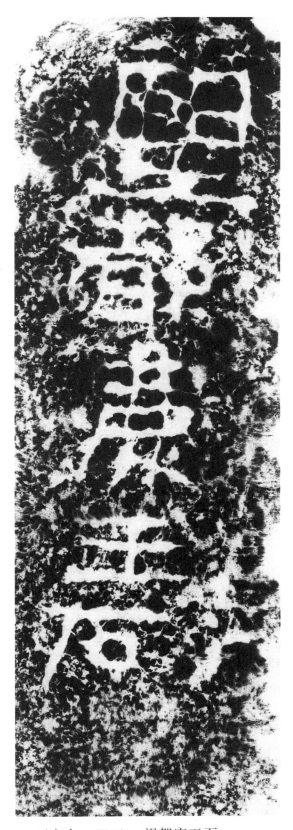

三六七·W161- 望都庆王石

W161- 原石 010

三六八・B325- 望都庆王石

B325- 原石 082

三六九・B332- 望都庆王石

B332- 原石 330

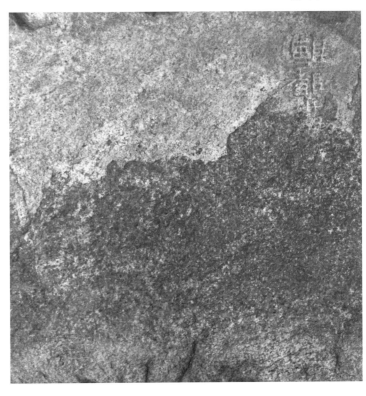

三七〇·B395- 望都庆王石

B395- 原石 040

三七一·B443– 望都庆王石

B443– 原石 023

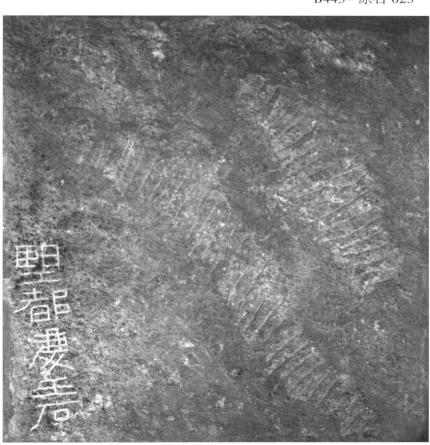

三七二·W74- 望都庆王

三七三·W172- 望都庆王

三七四 · B370- 望都庆王

三七五・B570– 望都庆王

三七六·B359- 望都庆王

B359- 原石 065

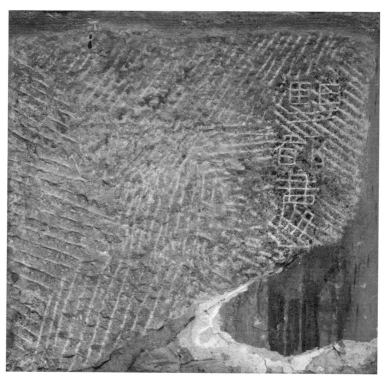

三七七·B571- 望都石厌

定州北庄子汉墓黄肠石题铭

三七八·B258- 望庆王

B258- 原石 367

460

三七九・W163- 都庆王

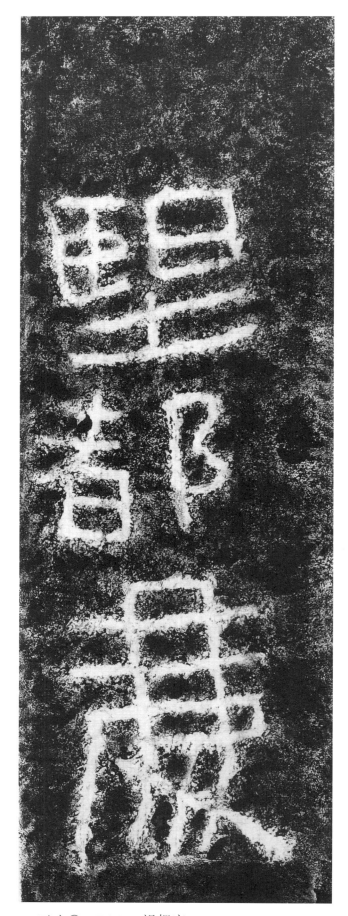

三八〇・B251- 望都庆

B251- 原石 119

三八一・B522- 庆王

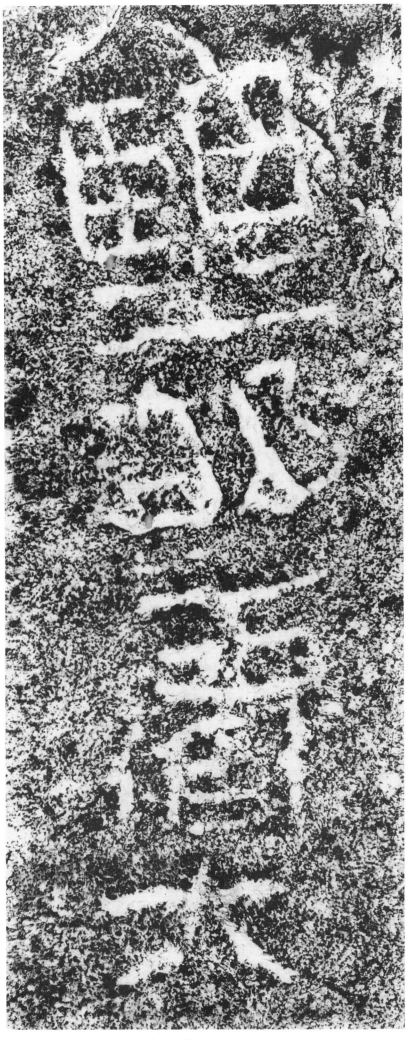

三八二·W152- 望都王伯大

三八三·B562- 望都石王阳

三八四·B360- 望都石卫山

三八五·B524- 卫山作

三八六·B601- 望都石张伯和

三八七·W57- 望都工张叔华作

三八八·B240– 都张玉重作

B240– 原石 376

三八九·W171- 望都议曹掾张□

三九〇 · W51- 望都石郑伯

W51- 原石 390

三九一·W75– 望都石卢奴功刘伯斋

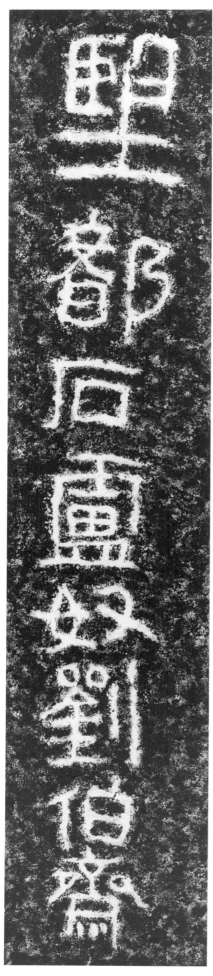

三九二·B353- 望都石卢奴
刘伯斋

B353- 原石 068

三九三・B406- 望都石卢奴刘伯□

B406- 原石 293

三九四·W102- 望都石卢奴刘伯

三九五·B274- 望都石卢奴刘

B274- 原石 359

三九六·B361- 望都石卢奴刘

B361- 原石 064

三九七·W134- 望都石卢奴杨伯宁

W134- 原石 273

三九八·B374- 望都石卢奴杨伯宁

B374- 原石 309

三九九・B376- 望都石卢奴杨伯宁

B376- 原石 308

四〇〇・B539- 伯宁

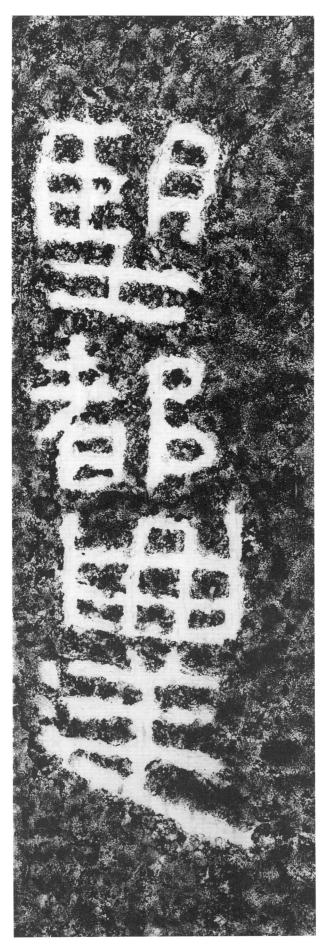

四〇一·B206- 望都曲逆

B206- 原石 389

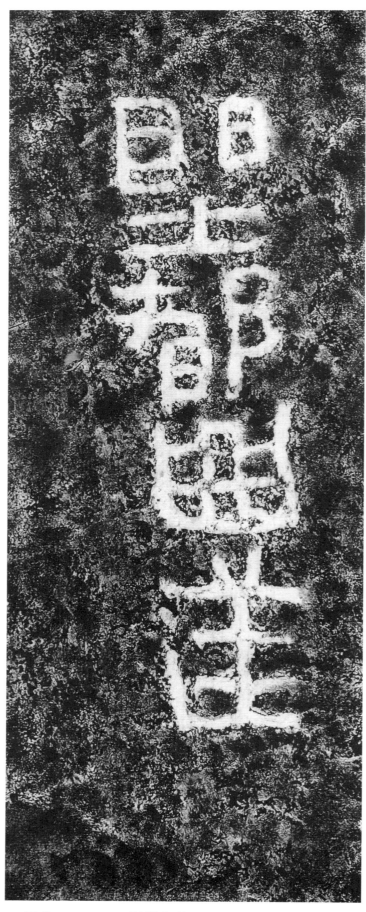

四〇二·B255- 望都曲逆

B255- 原石 117

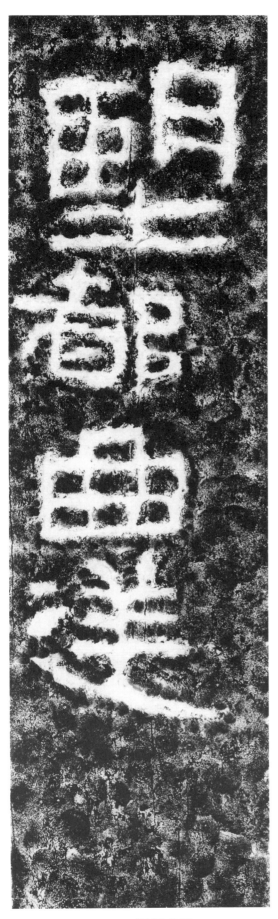

四〇三・B442- 望都曲逆

B442- 原石 275

四〇四・B233- 望都曲逆工

B233- 原石 128

四〇五・B265- 望都石工曲

B265- 原石 112

四〇六·B502- 望都石工曲□

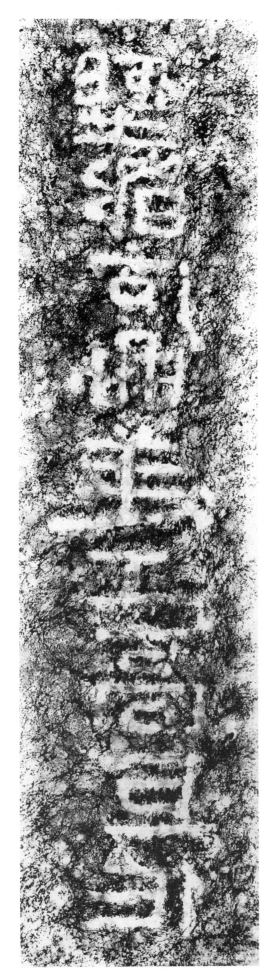

四〇七·W23- 望都石曲逆工高巨作

W23- 原石 099

四〇八 · B298- 望都石曲逆高巨作

B298- 原石 347

四〇九・B427- 望都石曲逆高巨作

B427- 原石 031

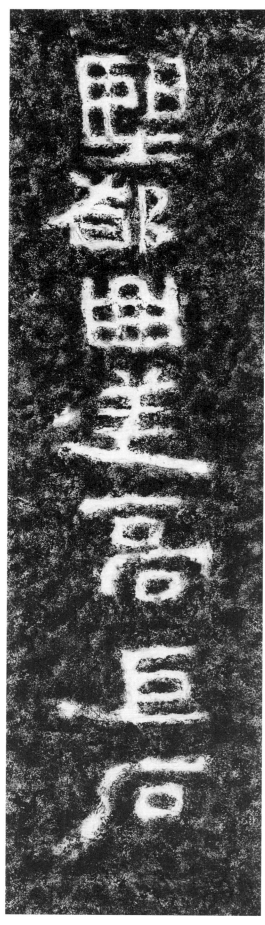

四一〇·B234- 望都曲逆高巨石

B234- 原石 379

四一一・B235- 望都石曲逆高巨

B235- 原石 127

四一二・B322- 逆工高巨作

B322- 原石 335

四一三・B377- 曲逆高巨

B377- 原石 056

四一四·W88- 望都曲逆高巨由石

W88- 原石 063

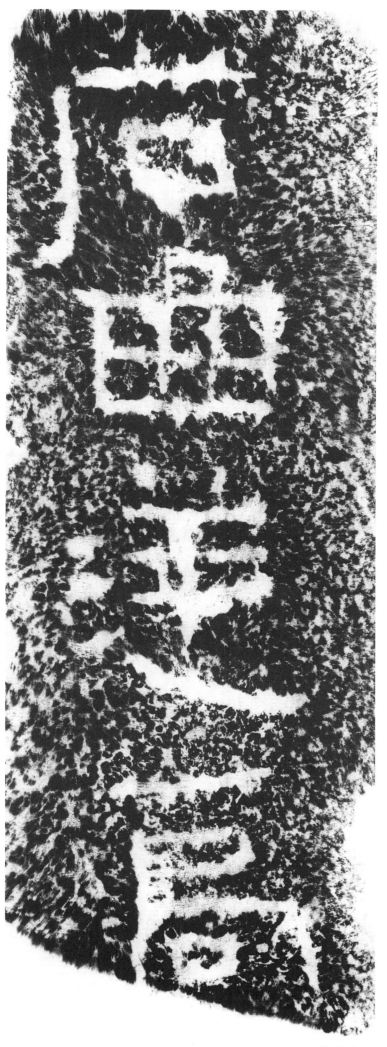

四一五·W158- 石曲逆高

四一六・B307– 望都曲逆虎次石

B307– 原石 091

四一七·W77– 望都曲逆李次孙石尺二寸

W77– 原石 384

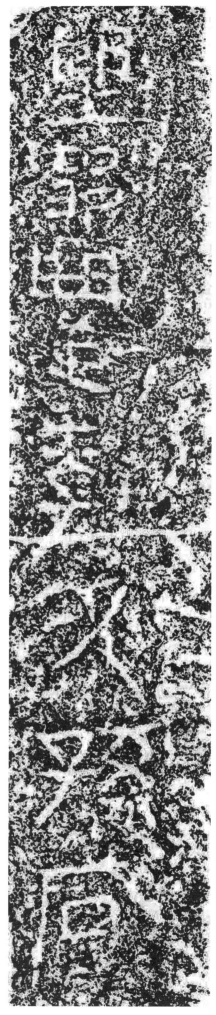

四一八·W29- 望都曲逆
李次孙石

四一九·W40- 曲逆梁统作

W40- 原石 111

四二〇·B568- 曲逆梁统

四二一・B187- 曲逆梁工

B187- 原石 395

四二二・B190- 曲逆梁

B190- 原石 394

四二三·B422- 望都石工曲逆刘建作

B422- 原石 285

四二四·B285- 望都石工曲逆刘建

B285- 原石 102

四二五·B292- 望都石曲逆刘建作

B292- 原石 350

四二六・B411- 望都石曲逆刘建作

B411- 原石 039

四二七・B466- 望都石曲逆刘建作

B466- 原石 263

四二八·W10- 望都石曲逆刘建

W10- 原石 078

四二九·B236- 望都石
曲逆刘建

四三〇·B300- 望都石曲逆刘建

B300- 原石 346

四三一·B341– 望都石曲逆刘建

B341– 原石 074

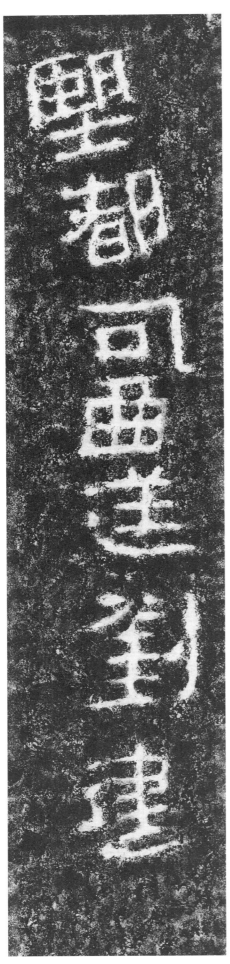

四三二·B475- 望都石曲逆刘建

B475- 原石 007

四三三・B362- 都石曲逆刘建作

B362- 原石 315

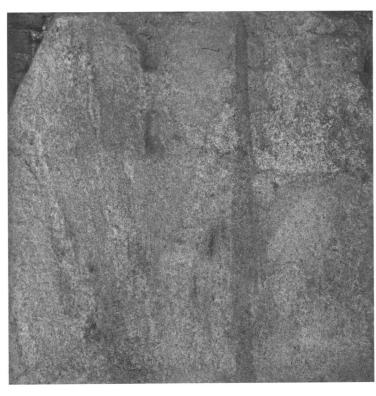

四三四·W155- 望都石曲逆木工王季陵

W155- 原石 045

四三五·W101- 望都石曲逆张伯和

W101- 原石 076

四三六·B320- 望都石曲逆
张伯和

B320- 原石 336

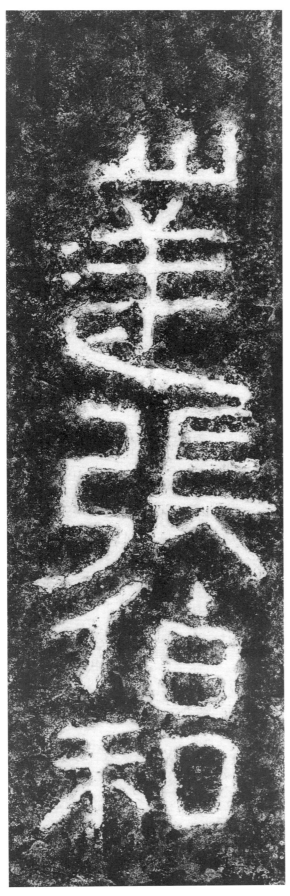

四三七・B214-曲逆张伯和

B214- 原石 387

四三八·B276- 望都曲逆张叔春石

B276- 原石 358

四三九·B364-望都曲逆张叔春石

B364-原石 314

四四〇・W64– 望都曲逆石张叔春

W64– 原石 270

四四一・B388- 望都曲逆石张叔春

B388- 原石 302

四四二·B597- 望都曲逆郑次

四四三・B584-望都石唐工口

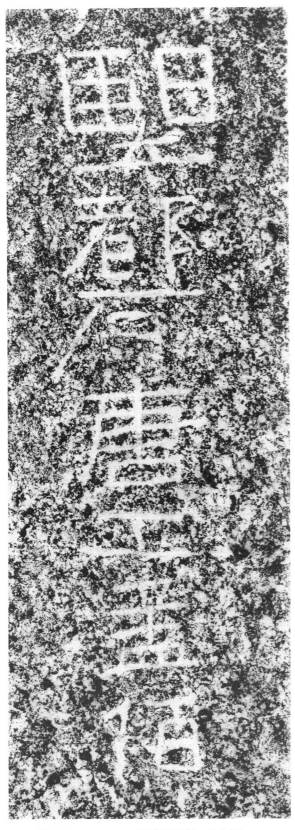

四四四 · W120- 望都石唐工孟佰

W120- 原石 048

四四五·B394- 望都石唐工孟佰

B394- 原石 299

四四六·B602- 工孟佰

四四七·B607-工孟佰

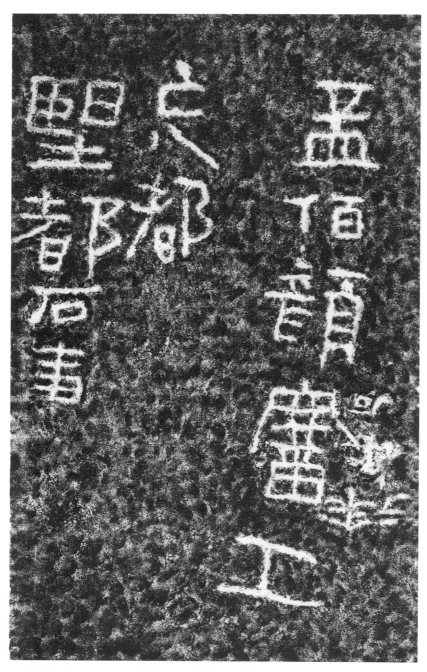

四四八・B295- 望都石□望都孟佰颜□工徐□石

B295- 原石 047

B329- 原石 080

四四九·B329- 望都石唐工邵次作

四五〇·W96- 望都石唐工邵次

四五一・B32- 石唐工邵次

B32- 原石 118

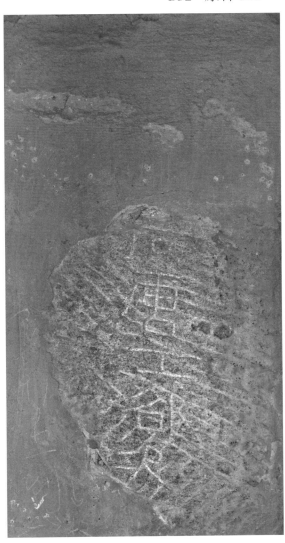

四五二·W85- 望都石唐工燕长田

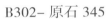

B302– 原石 345

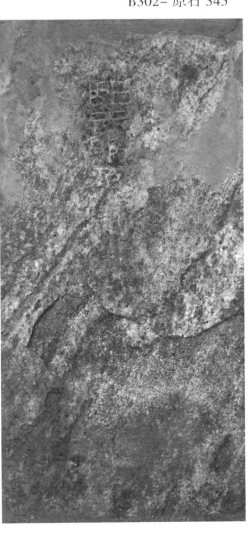

四五三·B302– 望都石唐□重伯安作

四五四・W86- 望都石唐工重伯安二尺二寸

四五五・B237- 望都东平

B237- 原石 126

四五六·B610- 望都东平

四五七·B586- 都石东平

四五八·W173- 望都石东平

四五九·W37- 望都石东平陆
工兒哀作

四六〇・W153- 望都石东平陆工
兒哀作

W153- 原石 306

四六一・B264- 望都石东平陆
工兒哀作

B264- 原石 310

四六二·B272- 望都石东平陆
工兒哀作

B272- 原石 360

四六三・B280- 望都石东平陆工兒
哀作

B280- 原石 356

四六四·B296- 望都石东平陆
工兒哀作

B296- 原石 348

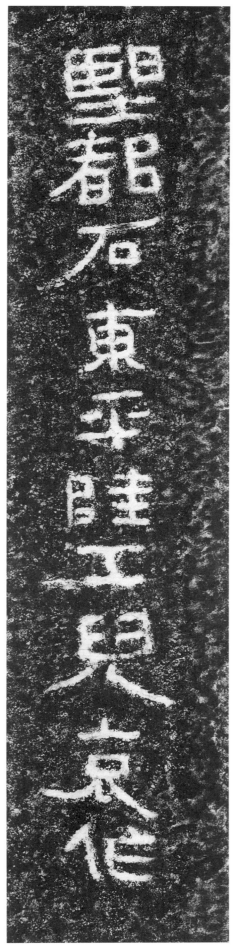

四六五・B305- 望都石东平陆
工兒哀作

B305- 原石 092

四六六·B310– 望都石东平陆
工兒哀作

B310– 原石 341

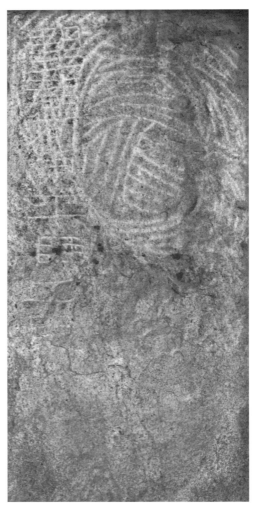

四六七·B372- 望都石东平陆工兒哀作

B372- 原石 364

四六八·B453- 望都石东平
陆工兒哀作

B453- 原石 018

四六九·B238- 望都石东平陆工兒哀

B238- 原石 377

四七〇·B588- 都石东平陆工兒

四七一·B277- □石东平陆工兒

B277- 原石 106

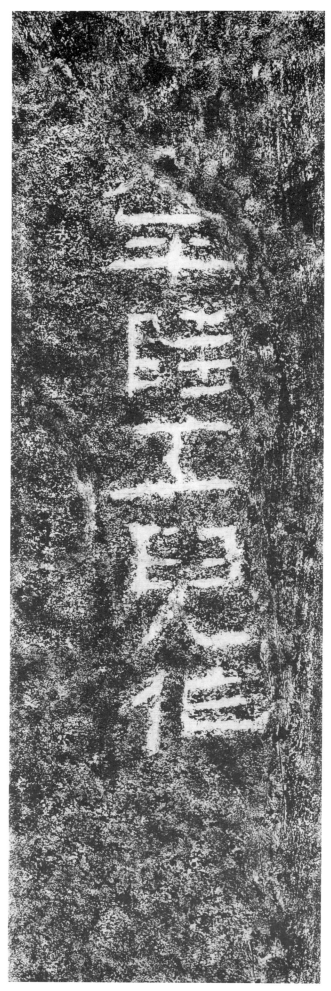

四七二·B199-□平陆工兒作

B199- 原石 391

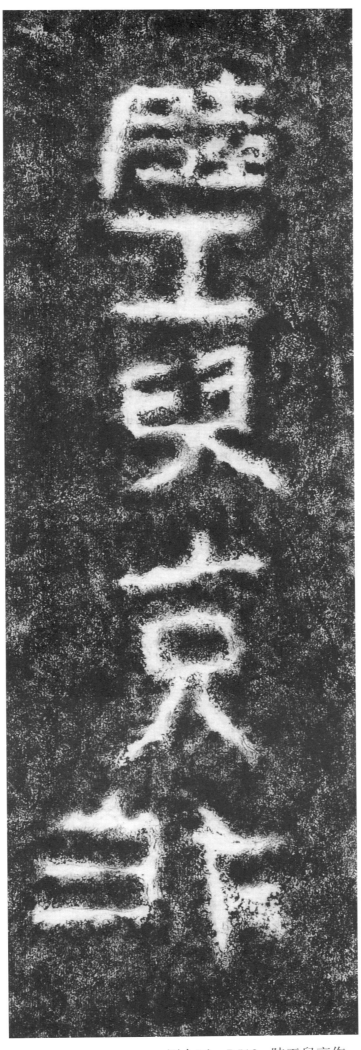

四七三・B512- 陆工兒哀作

四七四·B243- 兒哀作

B243- 原石 123

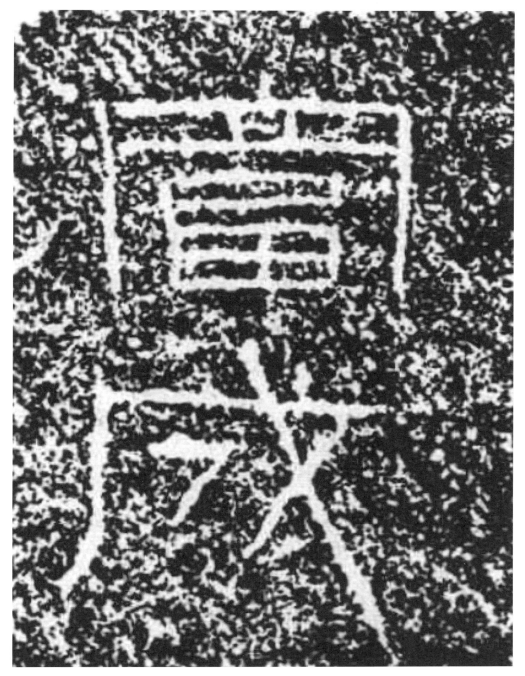

四七五·W133- 富成

四七六·B319- 望都石东平富成□

B319- 原石 085

四七七·W8- 望都富成江河　　　　　　四七八·W9- 望都富成江河

四七九·W168- 望都富成江河

W168- 原石 038

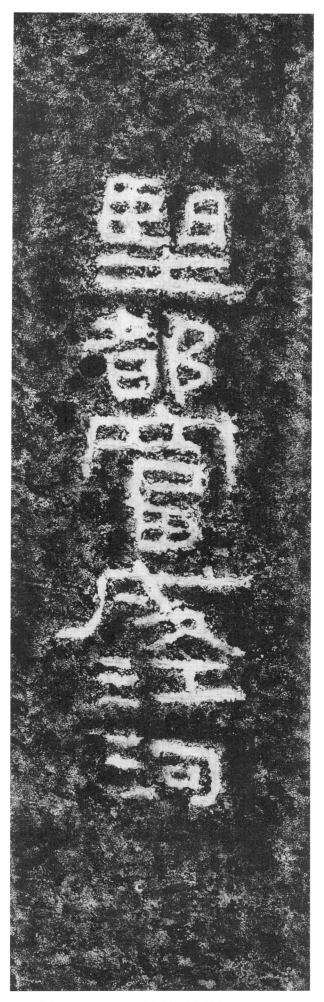

四八〇・B244- 望都富成江河

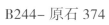

B244- 原石 374

四八一·B294- 望都富成江河

B294- 原石 349

四八二・B345− 望都富成江河

B345− 原石 072

四八三·B366- 望都富成江河

四八四・B369– 望都富成江河

B369– 原石 060

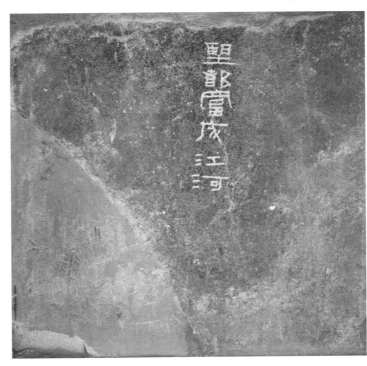

563

四八五·B373- 望都富成江河

B373- 原石 058

四八六・B434- 望都富成江河

B434- 原石 279

四八七·B448- 望都富成江河

B448- 原石 272

四八八 · B389- 望都富成江河

B389- 原石 050

四八九·B269– 富成江河

B269– 原石 110

四九〇·B533- 成江河张大

四九一·W26- 望都富城
魏长兄作

四九二·B435- 望都富成魏长兄作

B435- 原石 027

四九三・B439- 望都富成魏长兄作

B439- 原石 025

四九四·B331- 望都富成魏兄作

B331- 原石 079

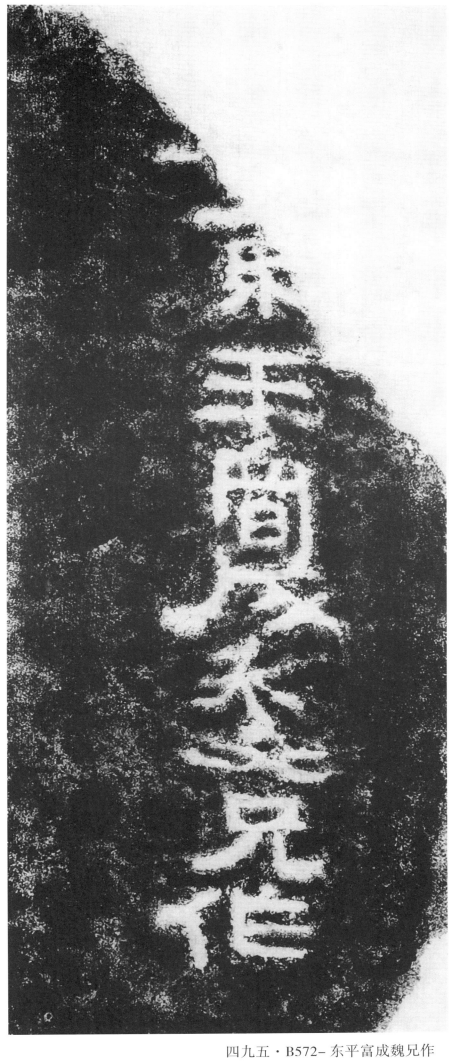

四九五·B572- 东平富成魏兄作

四九六・B284- 富成魏长兄作

B284- 原石 354

四九七·B419– 成魏长兄作

B419– 原石 035

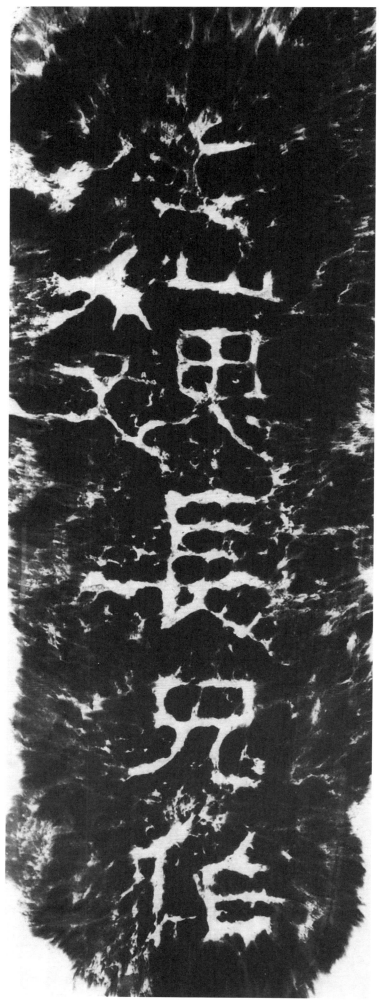

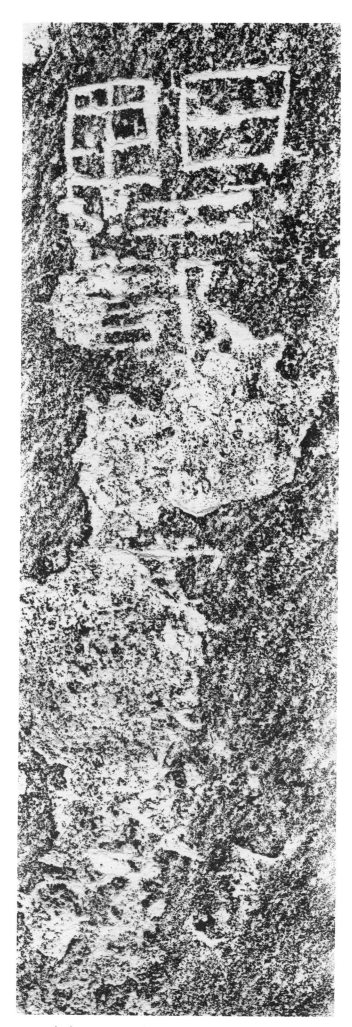

四九八·W160-□魏长兄作

四九九·Y4- 望都□成□□□

五〇〇·B330- 望都东平寿张　　　　　　　五〇一·B564- 望都东平寿张

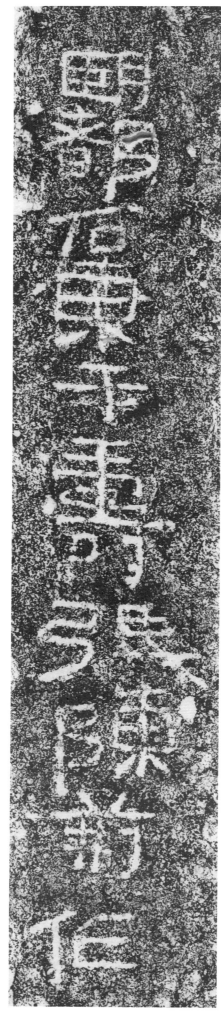

五〇二·W141- 望都石东平
寿张陈荆作

五○三・B429- 望都石东平
寿张陈荆作

B429- 原石 030

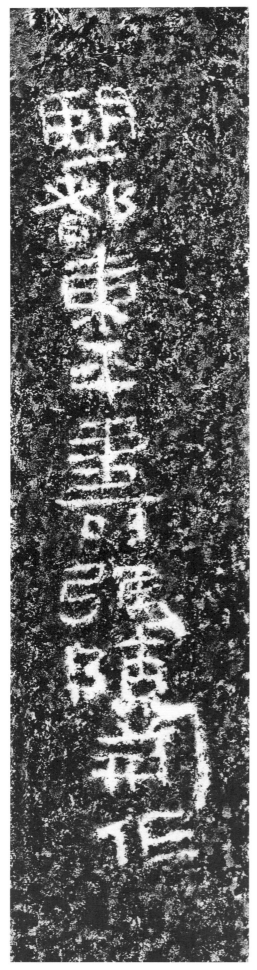

五〇四·B339- 望都东平寿张陈荆作

B339- 原石 075

580

五〇五·B378- 望都东平寿张陈荆作

五〇六·B323- 望都石东平寿张陈

B323- 原石 083

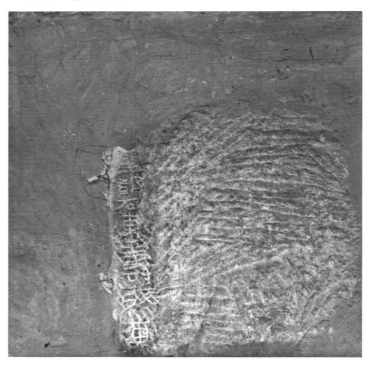

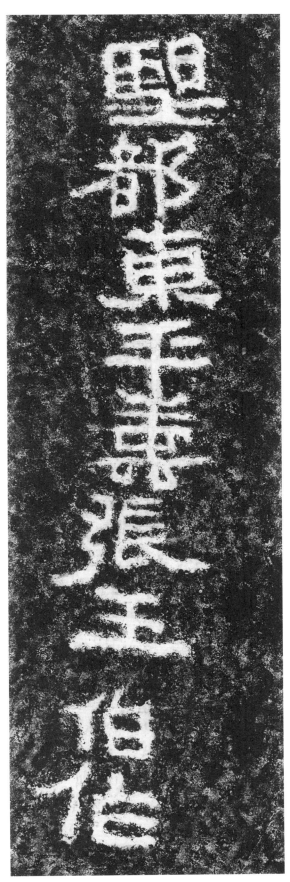

五〇七·B463– 望都东平寿张王伯作

B463– 原石 013

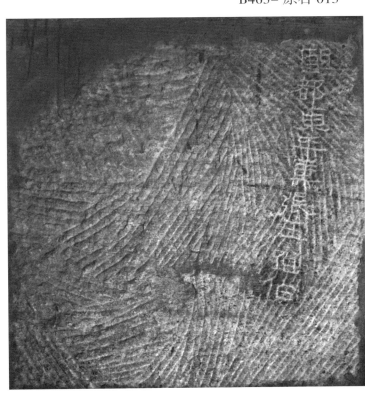

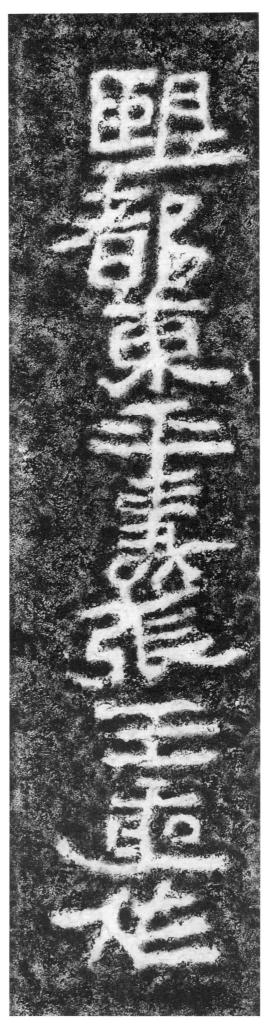

五〇八·W60- 望都东平寿张王圣作

五〇九·B569- 望都东平寿
张王圣作

五一〇・B270- 望都东平寿
张王圣作

B270- 原石 361

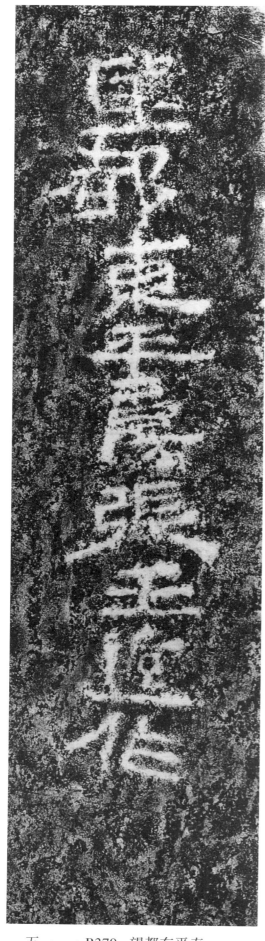

五一一·B379- 望都东平寿
张王圣作

B379- 原石 055

五一二・B472- 望都东平寿张王圣作

B472- 原石 260

五一三·B441- 望都寿张王圣作

B441- 原石 024

五一四·B365– 寿张王圣作

B365– 原石 062

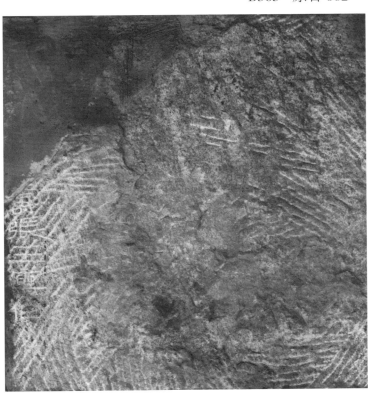

五一五·B384- 望都东平寿
张吕

五一六·W55- 望都东平寿
张吕武

五一七·B304-望都东平寿张吕武

B304-原石 344

五一八·B426- 望都东平寿
张吕武

B426- 原石 283

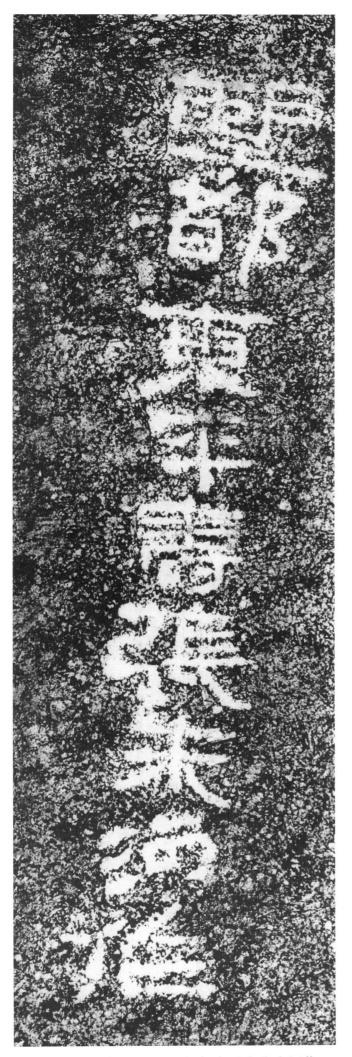

五一九・W109- 望都东平寿张朱河作

五二〇・B382- 望都东平寿张朱河作

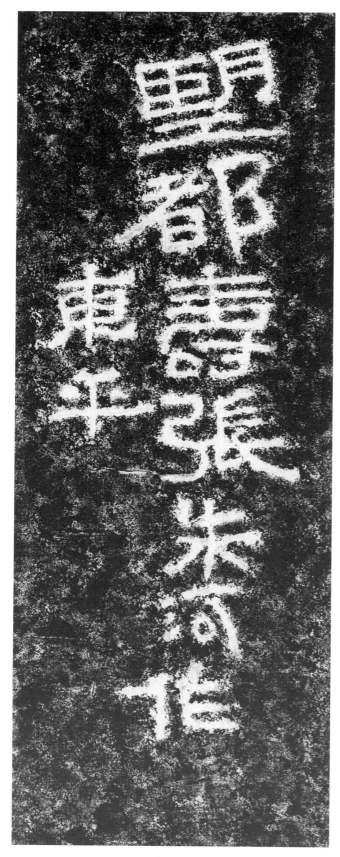

五二一·B356- 望都寿张朱河作东平

B356- 原石 318

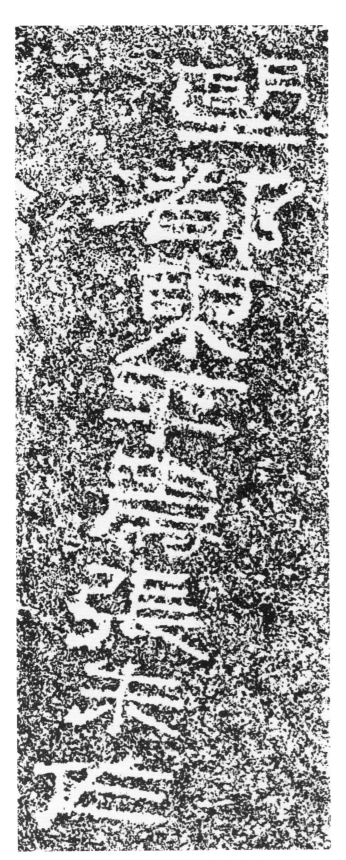

五二二・W128- 望都东平寿张朱作

W128- 原石 280

五二三·B543- □□东平章

五二四·W112- 望都石东平章丁伯石

W112- 原石 011

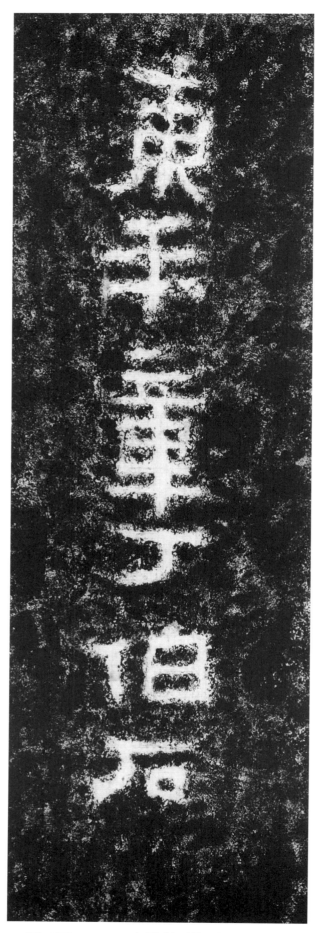

五二五・B317- 东平章丁伯石

五二六·W62- 望都石东平章开文作

W62- 原石 371

五二七·B387- 望都石东平
章开文作

五二八·B447- 望都石东平章
开文作

五二九・B444- 望都工石东平章王少作

B444- 原石 274

五三〇・B415- 望都石东平章
王少作

B415- 原石 037

五三一·B385- 望都东平章王少山

B385- 原石 052

五三二·W98- 都石东平章王少作

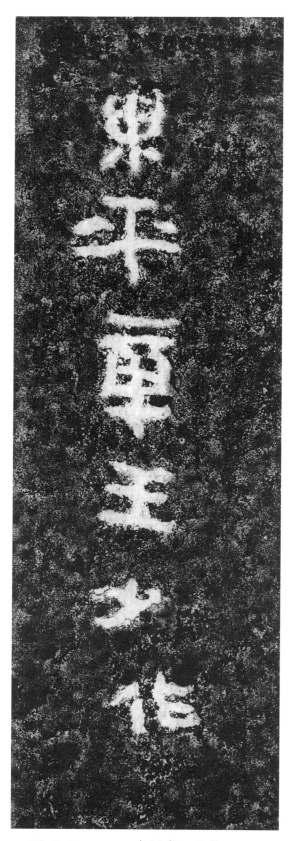

五三三・B262- 东平章王少作

B262- 原石 365

五三四・B263– 章王少作

B263– 原石 113

五三五·B226- 望都石东平
章于通作

B226- 原石 383

五三六·W4– 望都石章于通作

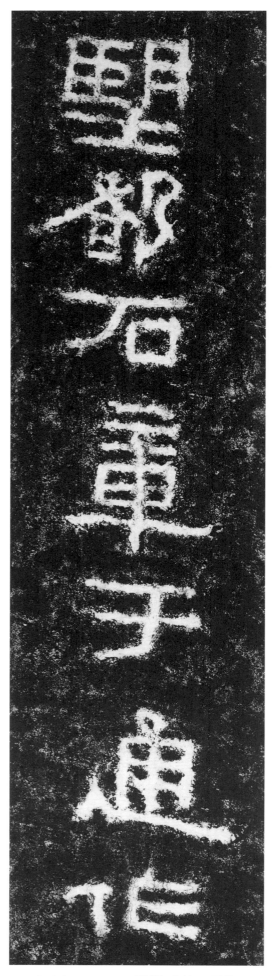

定州北庄子汉墓黄肠石题铭

五三七・B459- 望都石章于通作

B459- 原石 015

五三八·B606- 于通作

五三九·B231- 望都石东平章张

B231- 原石 129

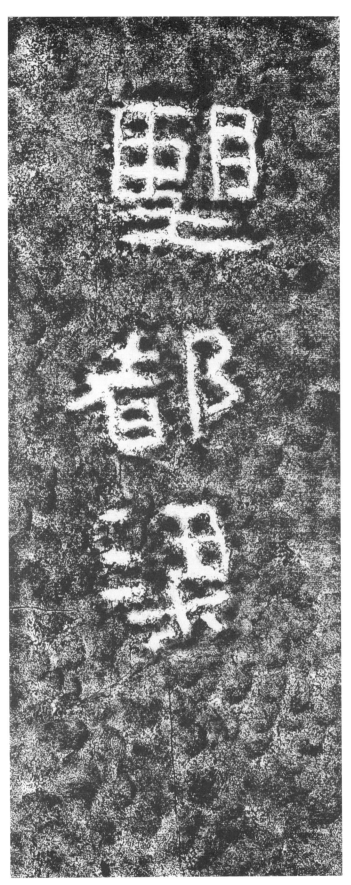

五四〇 · B403- 望都梁

B403- 原石 043

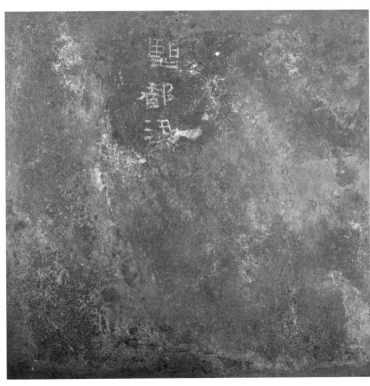

五四一・B525- 望都梁

五四二・B247- 望都梁国

B247- 原石 121

五四三・B297- 望都梁国

B297- 原石 096

五四四·B595- 望都梁国

五四五·B196- 望都梁工

五四六·B494- 望都梁工

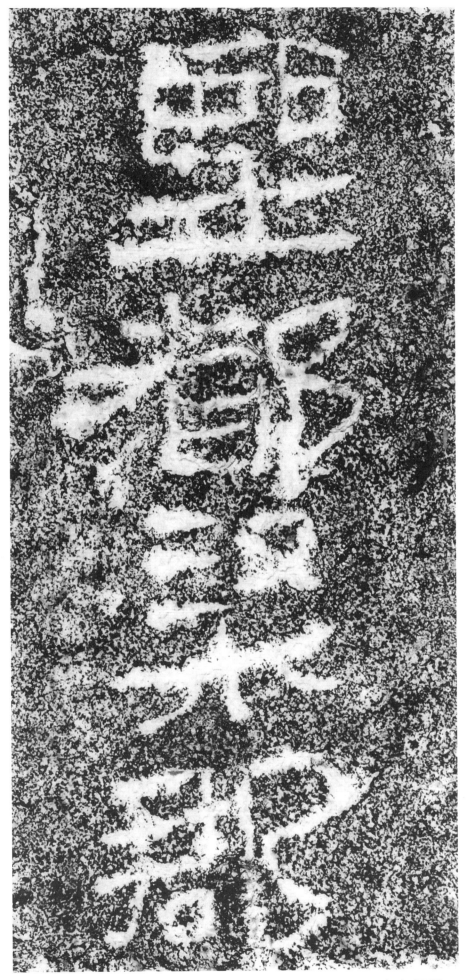

五四七·W103- 望都梁郡

五四八・B351- 望都梁郡

B351- 原石 069

五四九・B460- 望都梁郡

B460- 原石 266

五五〇 · B290- 望都梁郡石

B290- 原石 351

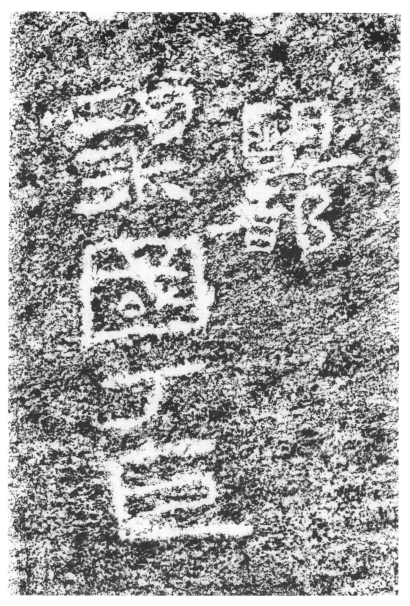

五五一・W137– 望都梁国丁巨

W137– 原石 067

五五二·B534– 望都梁国项少

五五三·W117– 望都梁郡郑丹

五五四·B239- 望都石下邑

B239- 原石 125

五五五・W122- 望都石梁郡付作　　　　　　五五六・W151- 望都下邑付伯

五五七·B405- 望都下邑许伯

B405- 原石 042

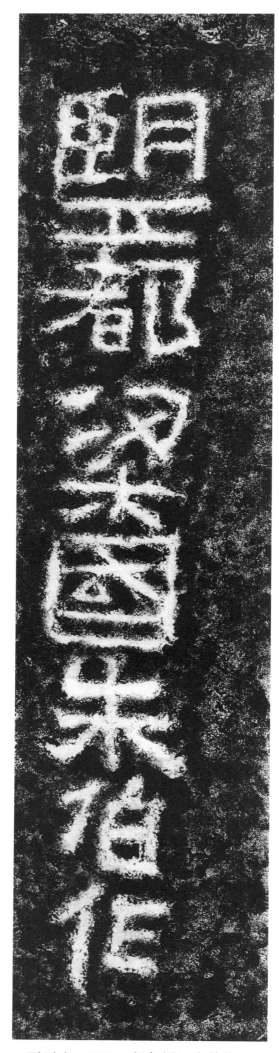

五五八·B591– 望都梁国朱伯作

五五九·W118- 望都石下邑朱伯

W118- 原石 005

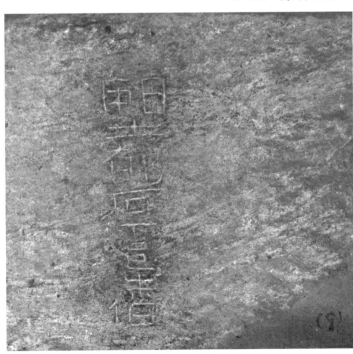

五六〇·B343- 亡都石下邑朱伯

B343- 原石 073

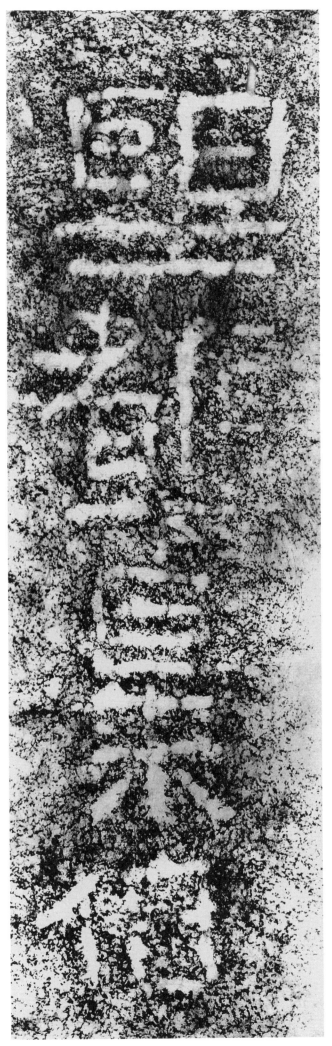

五六一·W3– 望都下邑朱伯

五六二·B391–望都下邑朱伯

B391–原石 049

五六三·W145- 望都朱伯

五六四·B619- 望都梁郡朱河作

B619- 原石 321

五六五·W21– 望都石下邑朱河作

W21– 原石 258

五六六・B440- 望都石下邑朱河作

B440- 原石 276

五六七・B486- 望都石下邑朱河作

B486- 原石 253

五六八·W116– 望都下邑朱河作

W116– 原石 288

五六九·B259- 下邑朱河作

B259- 原石 115

五七〇・W107- 望都梁郡下邑朱礼石

五七一・B451- 望都囗下邑朱礼

B451- 原石 019

五七二·B420- 望都下邑朱礼

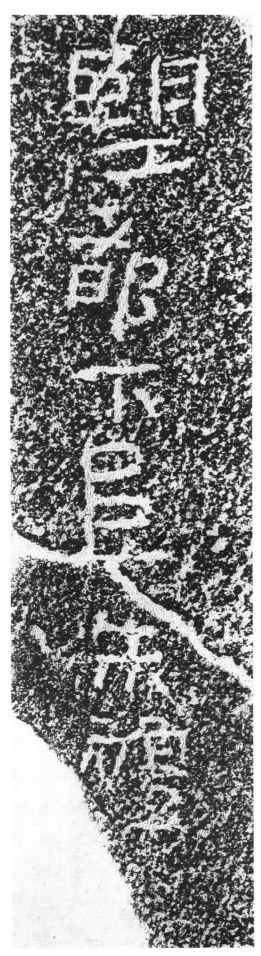

五七三・B620– 望都下邑朱礼

B620– 原石 046

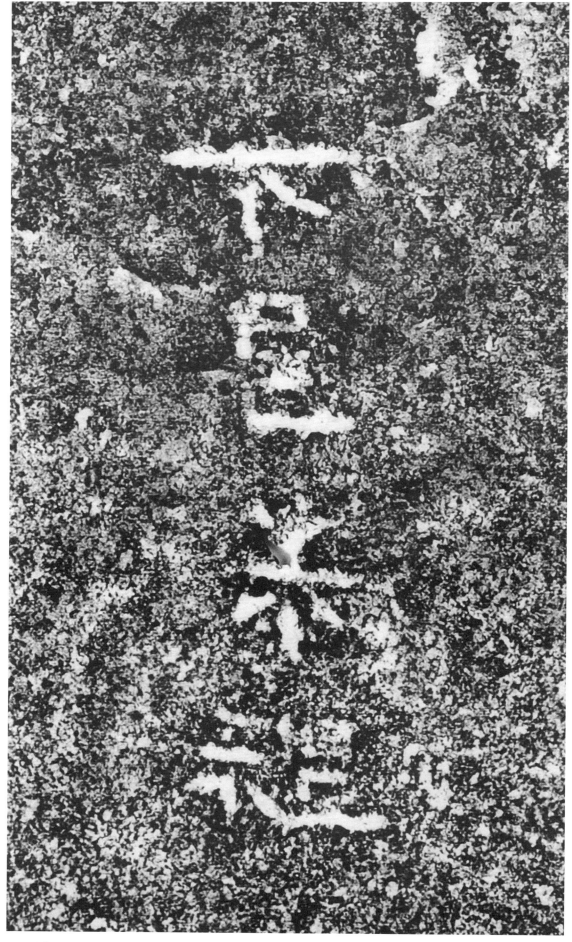

五七四·W142–下邑朱礼

五七五・B225– 望都石鲁□

B225– 原石 132

五七六·B252– 望都石鲁田次

五七七·B293- 望都石工鲁工

B293- 原石 098

五七八·W52- 望都石鲁工柏长豪作

W52- 原石 363

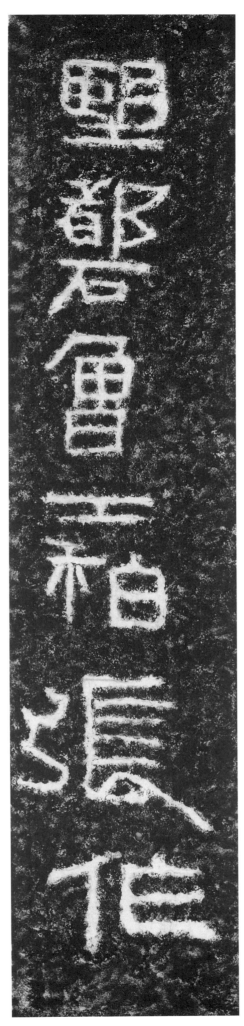

五七九・B334– 望都石鲁工
柏张作

五八〇・W19– 望都石鲁工柏仲作

五八一·B218- 望都石鲁工
柏仲作

B218- 原石 386

五八二・B228- 望都石鲁工柏仲作

B228- 原石 382

五八三・B392- 望都石鲁工柏仲作

B392- 原石 300

五八四・B417- 望都石鲁工
柏仲作

B417- 原石 036

五八五·B544- 柏仲作

五八六・B357- 望都石魯工柏

B357- 原石 066

五八七·W89- 望都石鲁工井孙卿作

W89- 原石 343

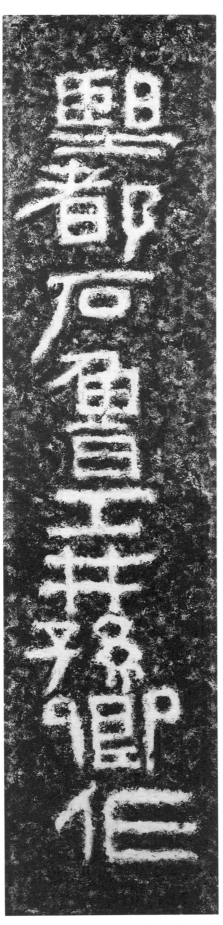

五八八 · B347- 望都石魯工
井孫卿作

B347- 原石 071

五八九·B445– 望都石鲁工
井孙卿作

B445– 原石 022

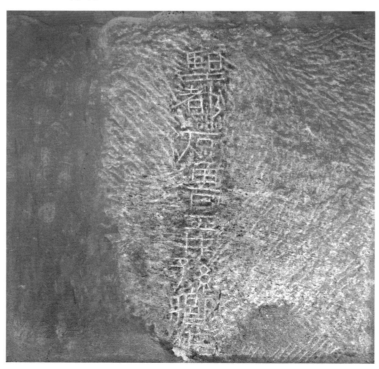

五九〇・W50- 望都石鲁工井孙作

W50- 原石 353

五九一·W167- 望都石鲁工井孙作

W167- 原石 090

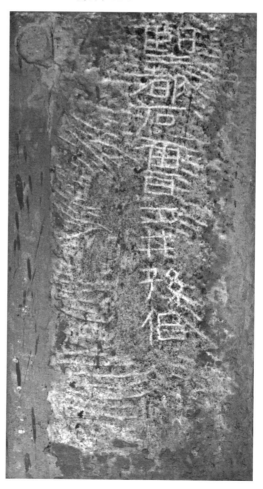

五九二・B454- 望都石鲁工井孙作

B454- 原石 269

五九三・W84- 望都石鲁工马次作

W84- 原石 319

五九四·B342– 望都工马次石

五九五·W83- 望都石鲁马次，北平石
鲁修太

W83- 原石 370

五九六·W94– 望都石鲁工田仲文作

W94– 原石 284

五九七·B424– 望都石鲁工田仲文作

五九八・B464- 望都石魯工
田仲文作

B464- 原石 264

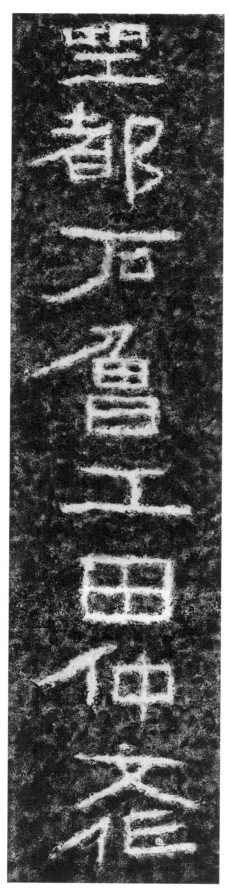

五九九·B474– 望都石鲁工
田仲文作

B474– 原石 259

六〇〇・B386- 望都石鲁
工田仲文

B386- 原石 303

六〇一·B465- 望都石鲁田
仲文作

B465- 原石 012

六〇二・W73- 望都石鲁工薛季作

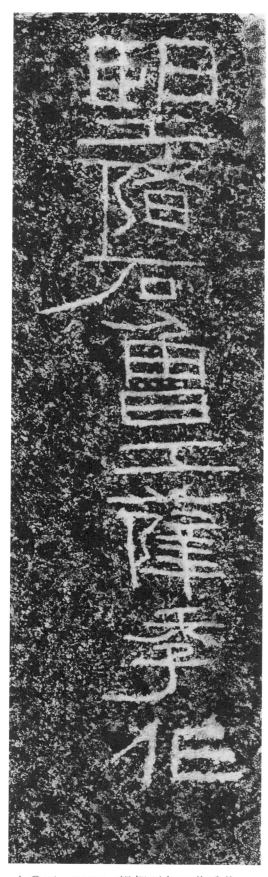

六〇三・B398– 望都石鲁工薛季作

B398– 原石 297

六〇四・B404– 望都石鲁
工薛季作

B404– 原石 294

六○五・B408- 望都石鲁工薛季作

B408- 原石 292

六〇六・B327- 石 鲁工薛季作

B327- 原石 081

六〇七・W169- 望都石鲁工颜伯

六〇八・W81- 望都石鲁工颜伯文作

六〇九 · B288– 望都石鲁工颜伯文作

B288– 原石 352

六一〇·B428– 望都石鲁工
颜伯文作

B428– 原石 282

六一一·B471- 望都石鲁工颜伯文作

B471- 原石 009

六一二·B487- 望都石鲁
工颜伯文作

B487- 原石 001

六一三・B299-伯文作

B299-原石 095

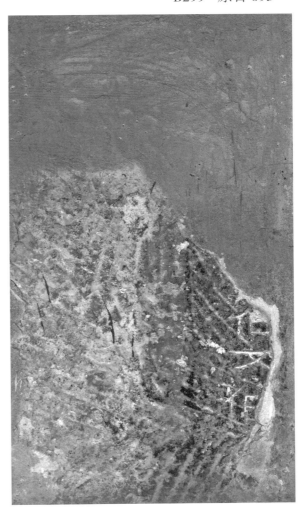

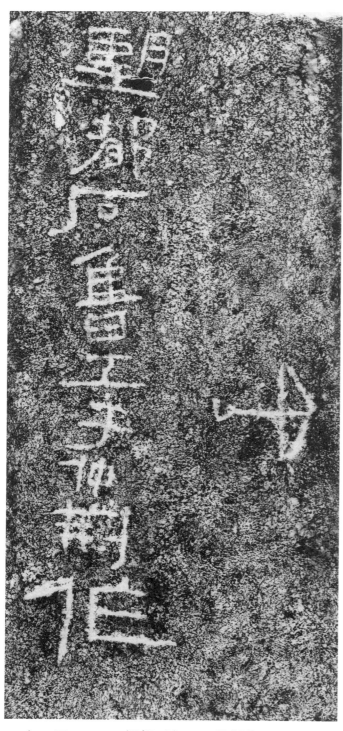

六一四 · W67- 望都石鲁工于仲荆作

W67- 原石 261

六一五・B423- 望都石鲁
工于仲荆作

B423- 原石 033

六一六·B414– 望都石鲁工于仲荆

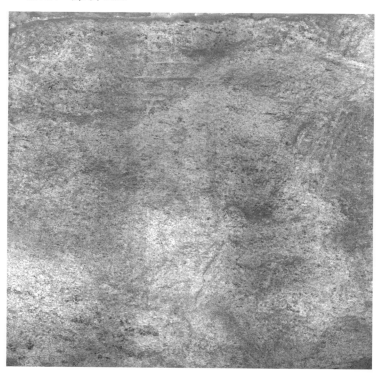

B414– 原石 289

六一七・B508-□于仲荆作　　　　　　六一八・W63-望都石鲁国卜工孙伯作

B289- 原石 100

六一九·B289- 望都石鲁国卞
工孙伯作

定州北庄子汉墓黄肠石题铭

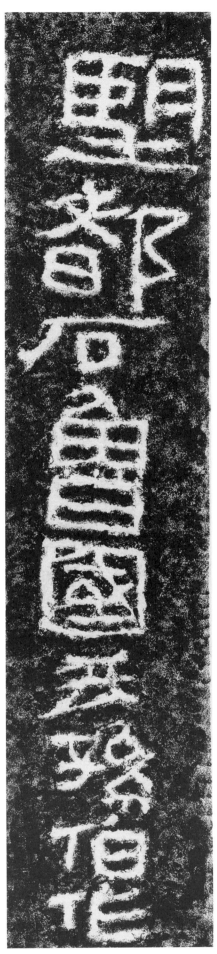

六二〇·B401– 望都石鲁国
卞工孙伯作

B401– 原石 044

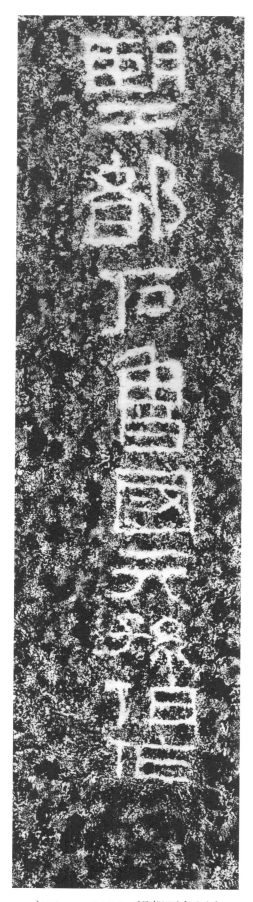

六二一·B326– 望都石鲁国卜
孙伯作

B326– 原石 333

六二二·B368– 望都石鲁卜工孙伯作

六二三·B400– 望都石鲁卜工
孙伯作

B400– 原石 296

六二四・B462- 望都石魯卜工孫伯作

B462- 原石 265

六二五・B478–□石鲁国卞工孙伯作

B478– 原石 257

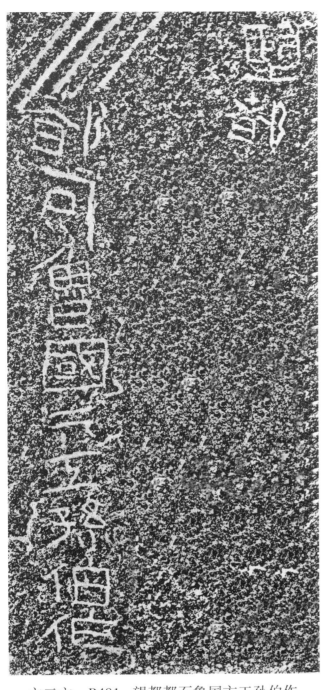

六二六·B481- 望都都石鲁国卜工孙伯作

B481- 原石 004

六二七・B261- 石鲁国卞工孙伯作

B261- 原石 114

六二八·B614- 都石鲁卜工孙伯作

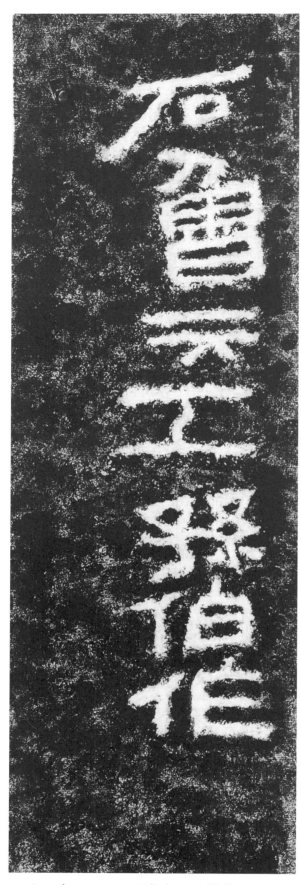

六二九・B425- 石鲁卞工孙伯作

B425- 原石 032

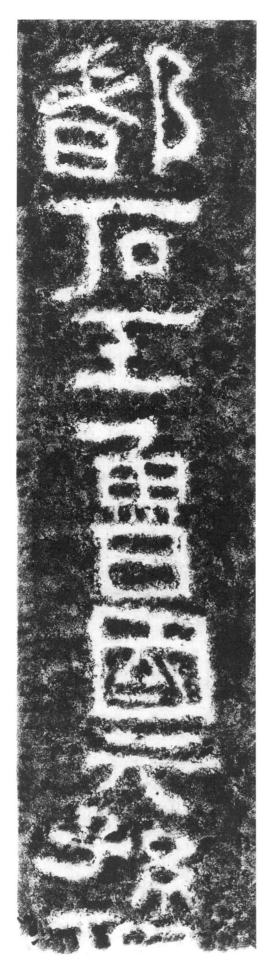

六三〇・B301- 都石工鲁国卞孙伯

B301- 原石 094

六三一·B282– 望都石鲁文阳

B282– 原石 355

六三二・B227- 魯文陽石工

B227- 原石 131

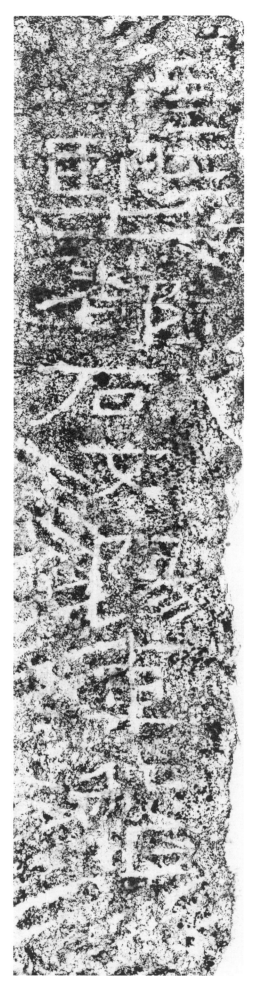

六三三·W38- 望都石文阳车和作

W38- 原石 256

六三四·B396- 望都石文阳车和作

六三五·B480– 望都石文阳
车和作

B480– 原石 298

六三六·W49- 望都石文阳车和

W49- 原石 366

六三七·B430– 望都石文阳车和

B430– 原石 281

六三八·B410– 望都文阳车和

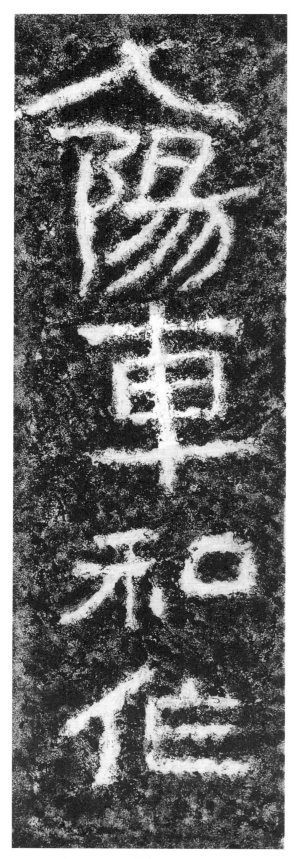

六三九·B375-区阳车和作

B375-原石057

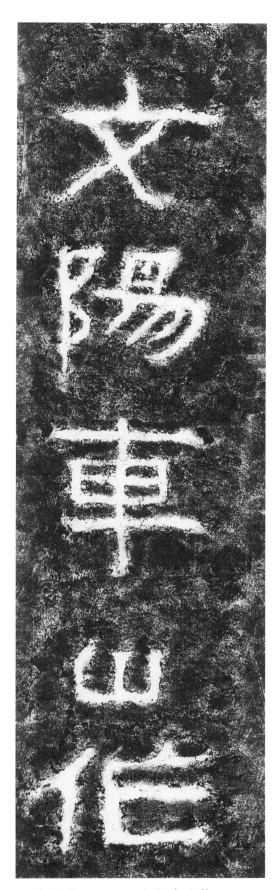

六四○・B193– 文阳车山作

B193– 原石 393

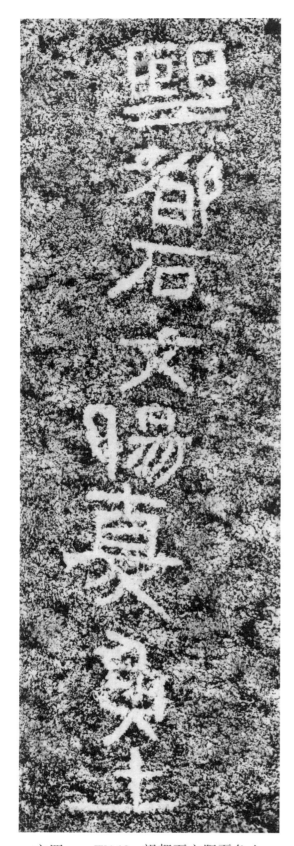

六四一·W140- 望都石文阳夏鱼土

W140- 原石 002

六四二·W121– 望都石鲁文阳工许伯作

六四三·B371- 望都石鲁
文阳县许伯

B371- 原石 059

六四四・W91– 鲁文阳许伯石望都石

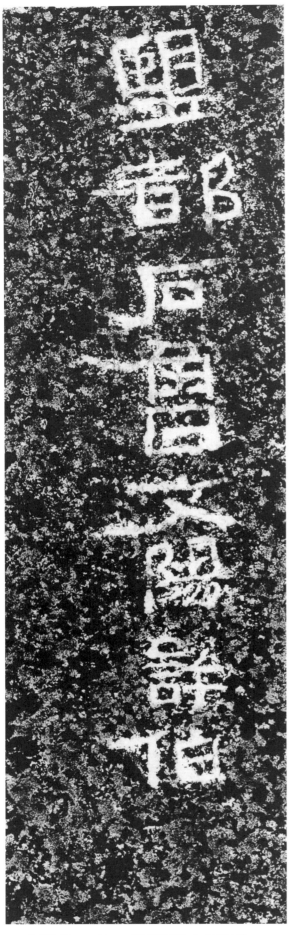

六四五·B438– 望都石鲁文阳许伯

B438– 原石 277

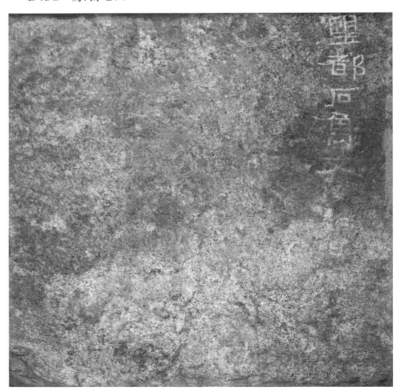

六四六 · B349- 文阳工许伯望都石

六四七·B513-□国文阳工许伯

六四八・B315- 魯文陽許伯

B315- 原石 087

六四九·B589– 许伯

六五〇·W90– 望都石鲁文阳县于
伯逆鱼

六五一・W59- 鲁国文阳石工于鱼□望都石

W59- 原石 017

六五二・B616- 鲁国文阳石
工于鱼望都石

B616- 原石 006

六五三·W45- 鲁文阳石工于鱼望都石

上曲阳石

六五四·B609- 上曲

六五五·B164- 上曲阳

B164- 原石 406

六五六・B166- 上曲阳

B166- 原石 405

六五七·B169-上曲阳

B169- 原石 167

六五八・B170- 上曲阳

B170- 原石 403

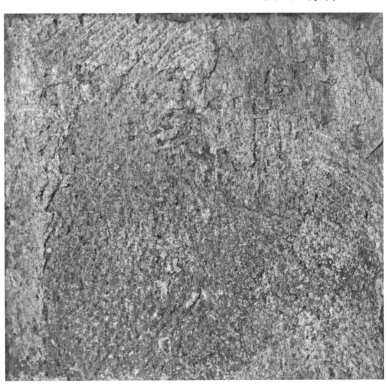

六五九·B171-上曲阳

B171-原石 166

六六〇・B175- 上曲阳

B175- 原石 164

六六一·B180- 上曲阳

B180- 原石 398

六六二·B189- 上曲阳

B189- 原石 156

六六三·B191-上曲阳

B191-原石155

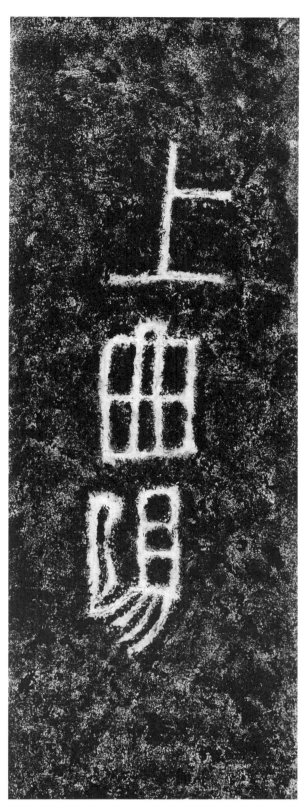

六六四・B194– 上曲阳

B194– 原石 153

六六五·B195- 上曲阳

B195- 原石 152

六六六·B541-上曲阳　　　　　　　　　六六七·B545-上曲阳

六六八·W28- 上曲阳石　　　　　　　　　六六九·W157- 上曲阳石

六七〇·B174– 上曲阳石

六七一・B178- 上曲阳石

B178- 原石 399

六七二·B185- 上曲阳石

B185- 原石 159

六七三·B186- 上曲阳石

B186- 原石 158

六七四·B188- 上曲阳石

B188- 原石 157

六七五·B192- 上曲阳石

B192- 原石 154

六七六·B204-上曲阳石

B204-原石 147

六七七·B205- 上曲阳石

B205- 原石 148

六七八·B554–上曲阳石

六七九·B557–上曲阳石

六八〇·W53- 上曲阳苦陉工石

W53- 原石 151

W53- 原石 151

六八一·B198- 苦陉工

B198- 原石 150

六八二·B207- 苦陘工

B207- 原石 143

六八三·B208– 苦陉

B208– 原石 144

六八四·B203-上曲阳毋极工□

B203-原石146

六八五・W136– 毋极石

六八六·B209- 毋极石

B209- 原石 145

六八七·B211- 毌极石

B211- 原石 140

六八八·B176- 上曲阳东平石

B176- 原石 400

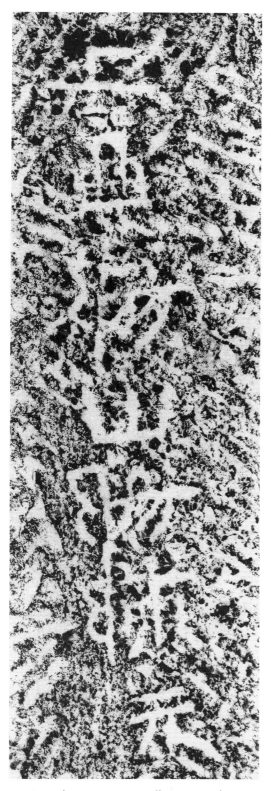

六八九・W124- 上曲阳山阳陈元

W124- 原石 407

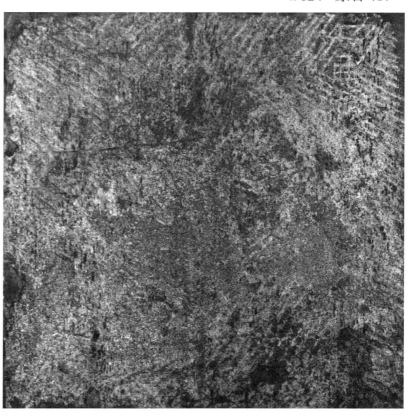

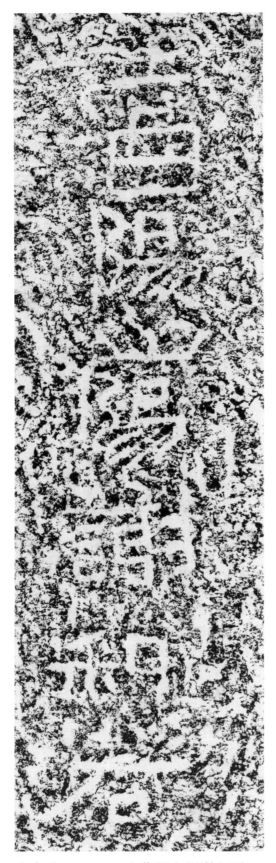

六九〇・W130- 上曲阳山阳谢和石

W130- 原石 402

六九一·B168- 上曲阳山阳谢和石

B168- 原石 404

六九二·B182–上曲阳山阳谢和

B182– 原石 397

六九三·B173- 上曲阳山阳石

B173- 原石 165

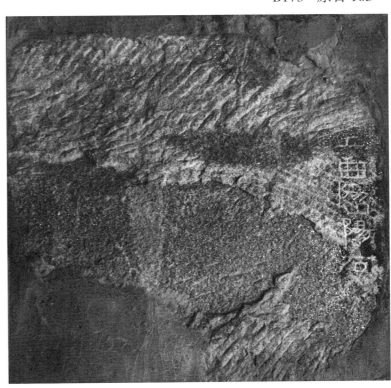

六九四·B177– 上山阳土石石

B177– 原石 163

六九五・B179- 山阳工石

B179- 原石 162

六九六·B181– 山阳工石

B181– 原石 161

六九七·B561- 山阳工石

六九八·B213- □市石耿次

B213- 原石 142

六九九・W138-"上曲阳"新市石耿文

W138-原石 134

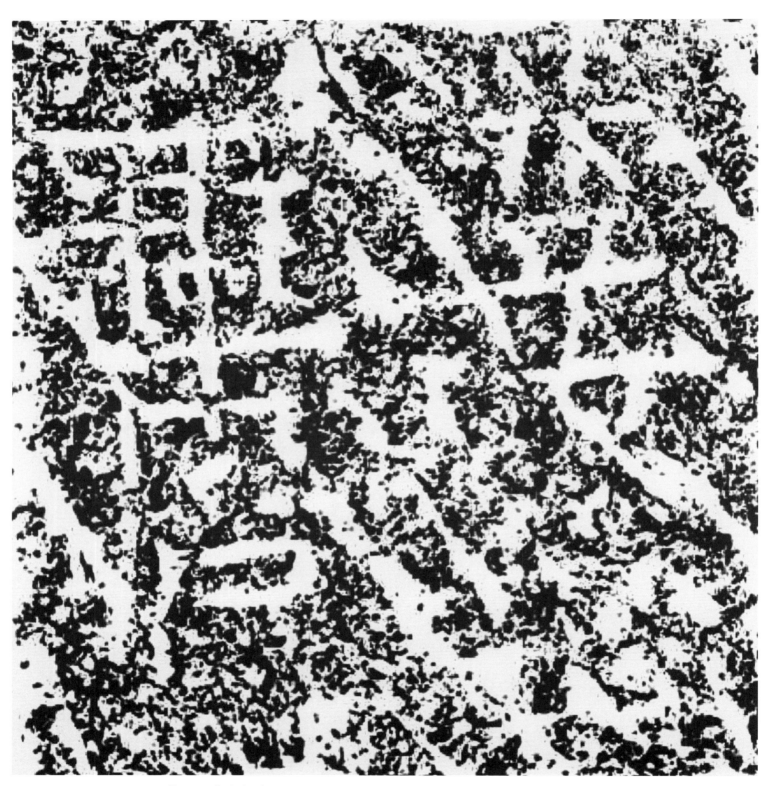

七〇〇·W114–"上曲阳"李文新市石

七〇一・B217– 新市石李文

B217– 原石 139

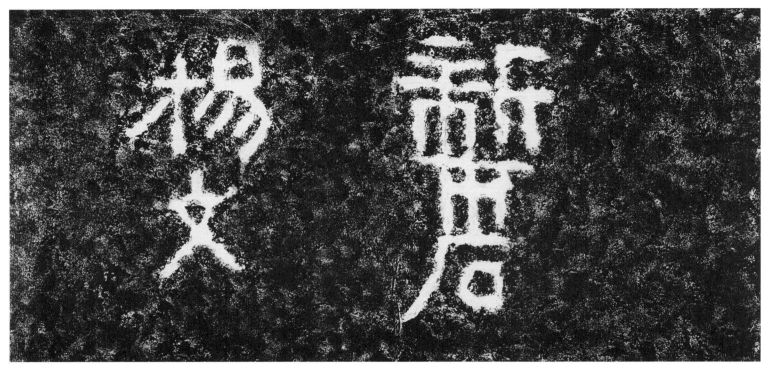

七〇二 · B212– 新市石杨文

B212– 原石 141

七〇三·B215- 新市石杨文

B215- 原石 137

七〇四·B216- 新市石杨文

B216- 原石 138

七〇五·B221– 新市石杨文

B221– 原石 136

七〇六・W54– 新市石□□杨文

产地不明

七〇七·B559- □国石

七〇八·B516–□孙

七〇九·B542- 通治

七一〇·B596- 伯作

七一一·B220- 马仲

B220- 原石 135

七一二·B532- 仲作

七一三 · B528- □作

七一四・B200-上

B200-原石 149

七一五·B201-上

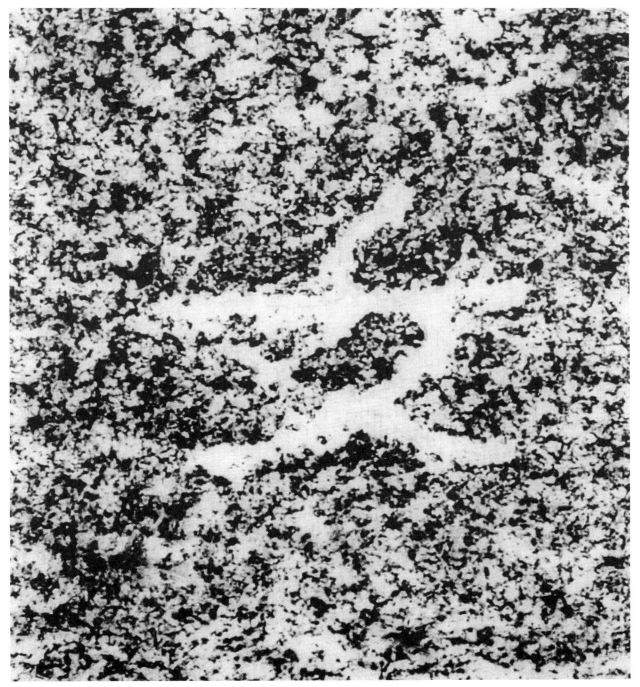

七一六·W131-文

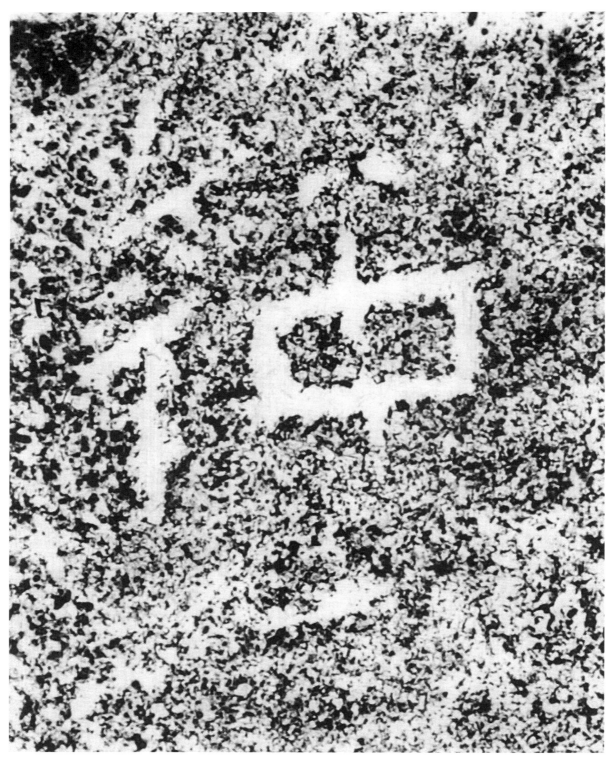

七一七・W132- 仲

七一八·B551-石